半衿の付け方

技術指導：金田恵美子

■半衿の付け方

□用意する小物

1：半衿（今回は塩瀬の半衿を使用しました）	1枚
2：三河芯	1枚
3：奉書紙	1枚
4：ものさし	1本
5：裁縫道具（ハサミ、糸、まち針、縫い針など）	1式

■衿芯は、プラスチック製、布製ほかの既製品を使用することも出来ますが、奉書紙による衿芯は、半衿が体に馴染み、着物を着る時に、着せ易く、着た後も着崩れがしにくいので、覚えて頂くと大変便利です。

写真：水口正彦

■奉書紙の折り方

01　奉書紙の表を上にして

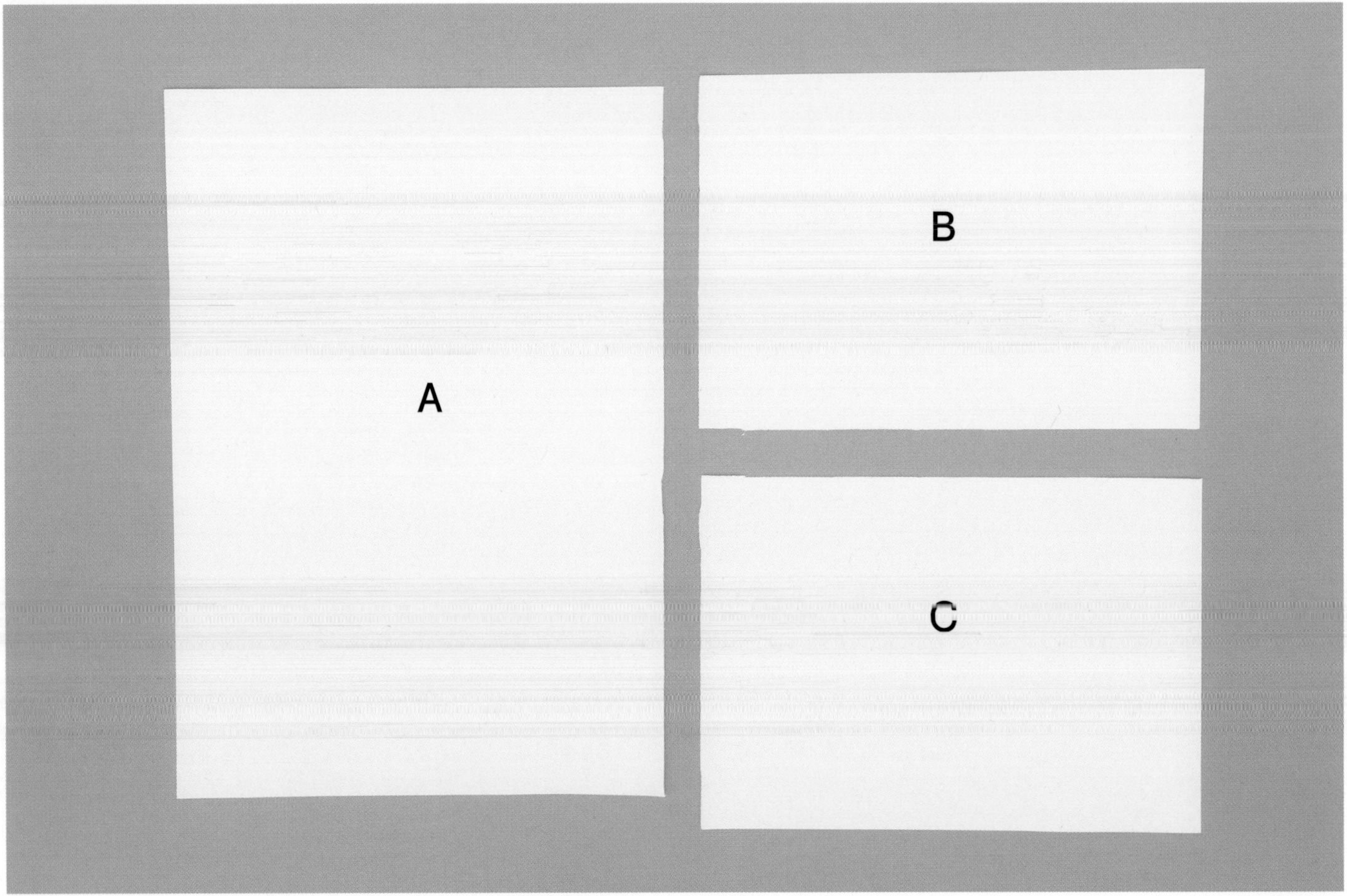

02 奉書紙の長手方向を二分の一に折り、切ります。
二分の一の1枚を更に二分の一に折って切ります。A、B、Cのように用意します。

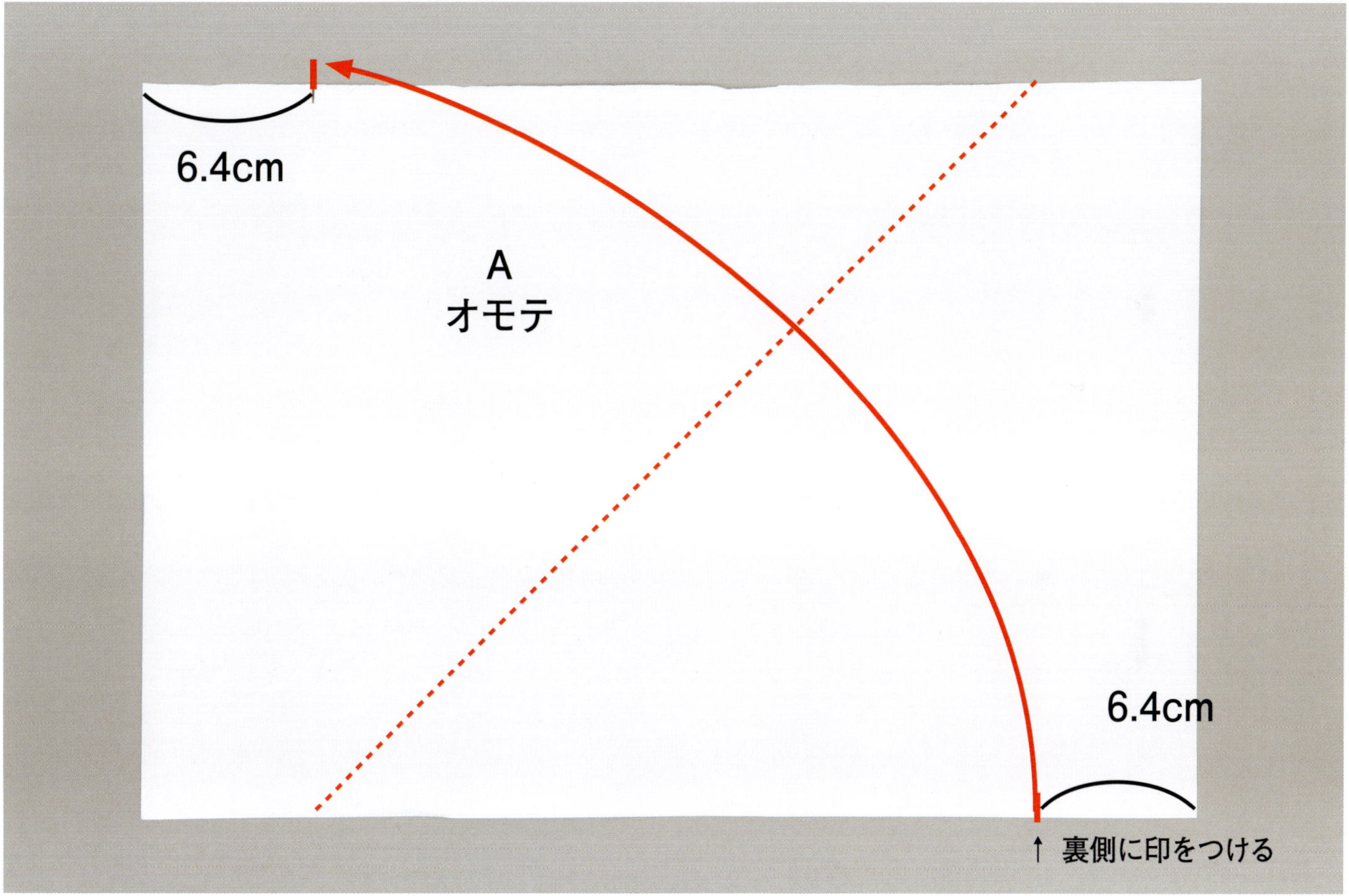

03 表を上にしてAを置き、左上から右方向に6.4cmの所と、
裏に返して右上端から左方向に6.4cmに印をつけます。

04 表に返し、左上の印に裏の印を重ねて折ります。

※分かりやすいように写真では裏面に色をつけています。

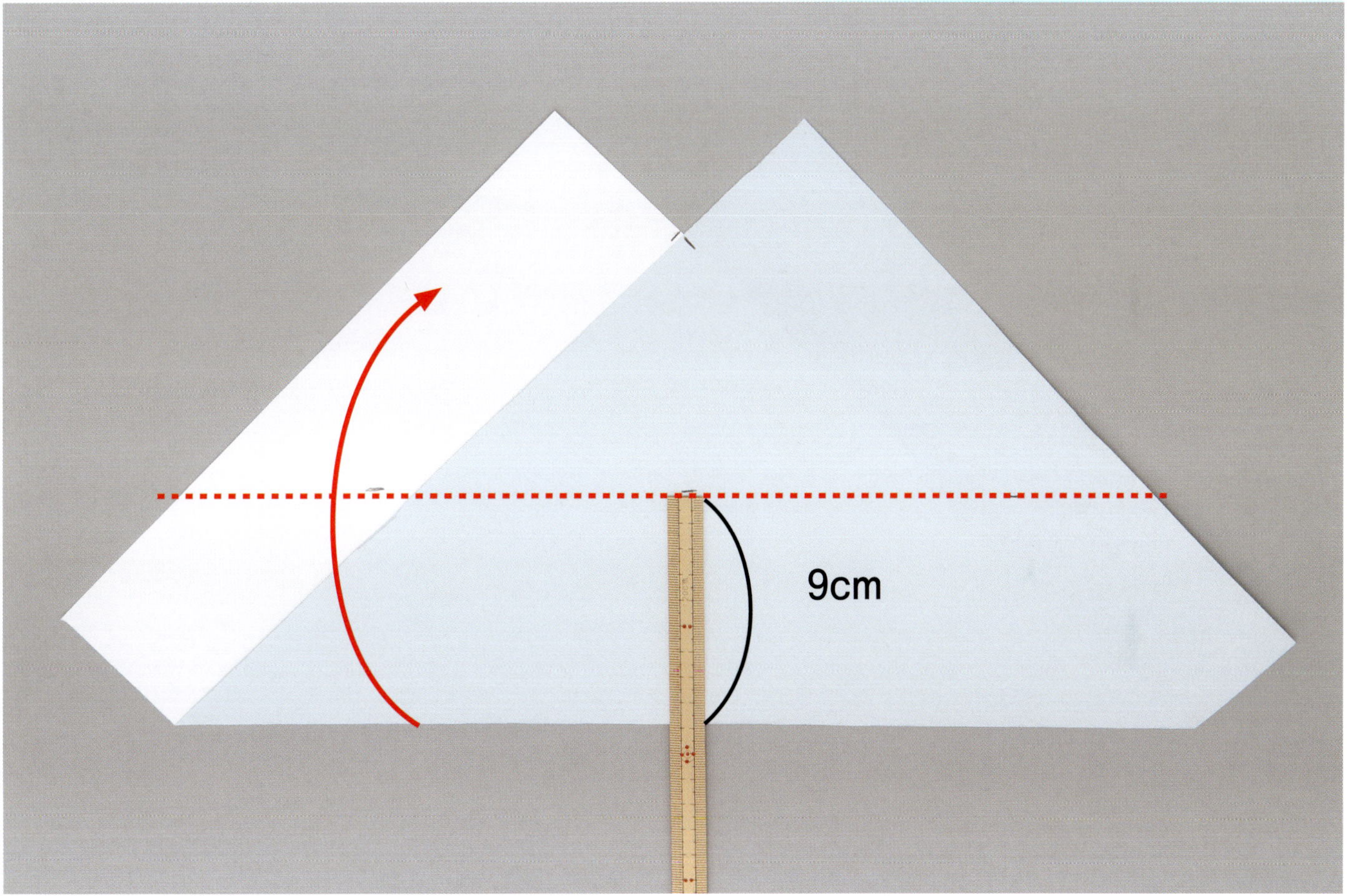

05 輪の部分（下）から9cmの所で折り上げます。

06 9cm折り上げたところです。

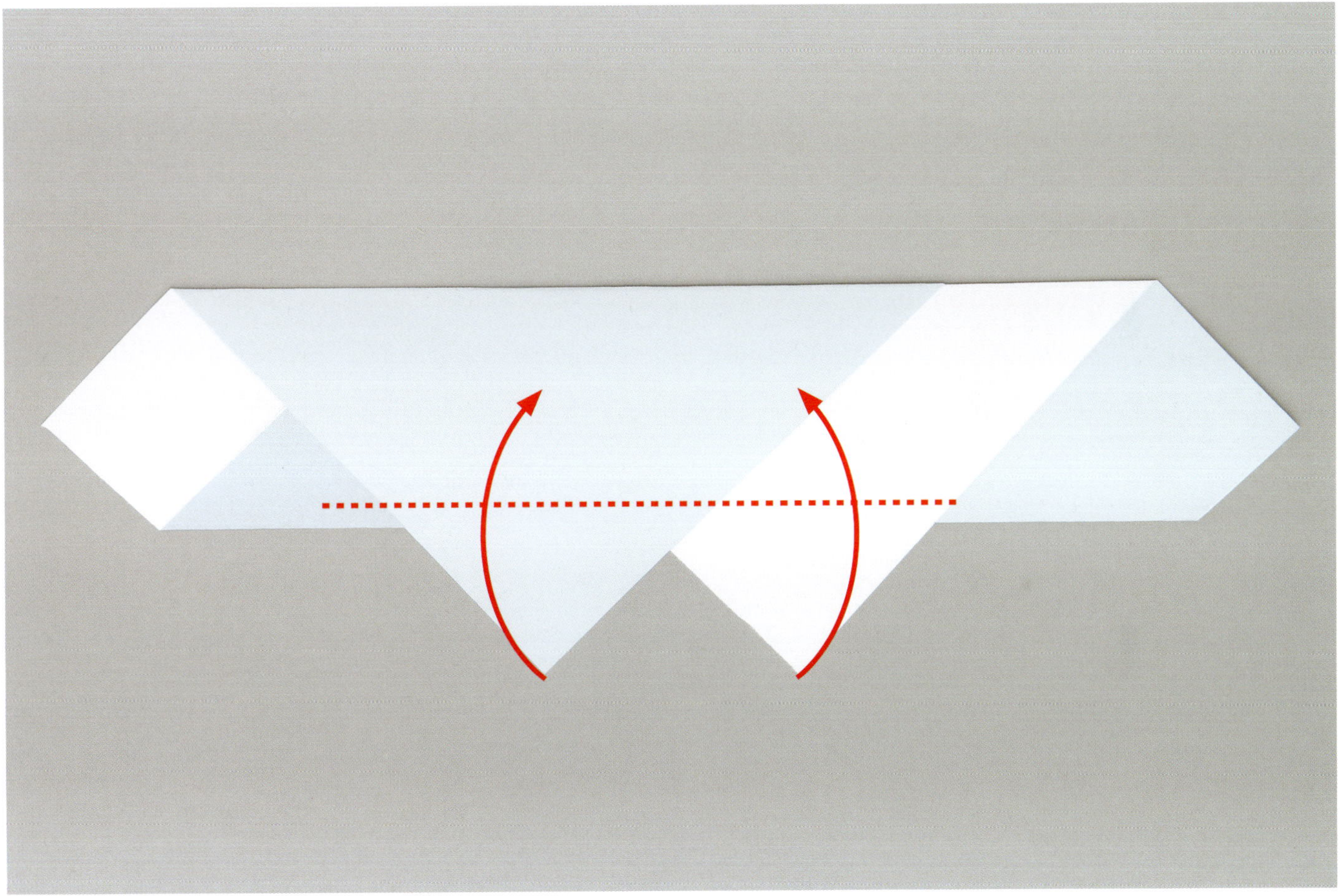

07 山三角を2～3mm 控えて折り上げます。

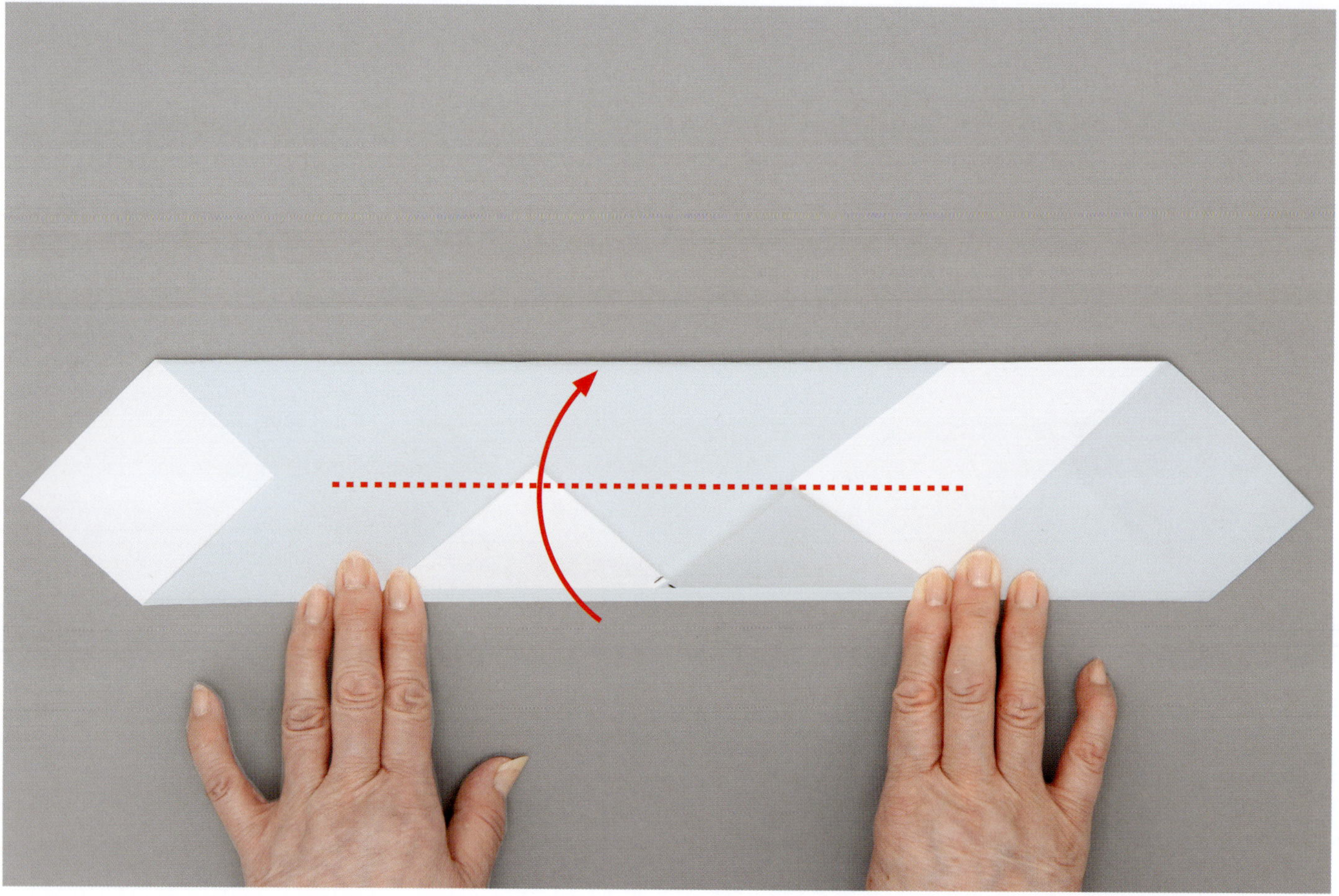

08 二分の一に折り上げます。

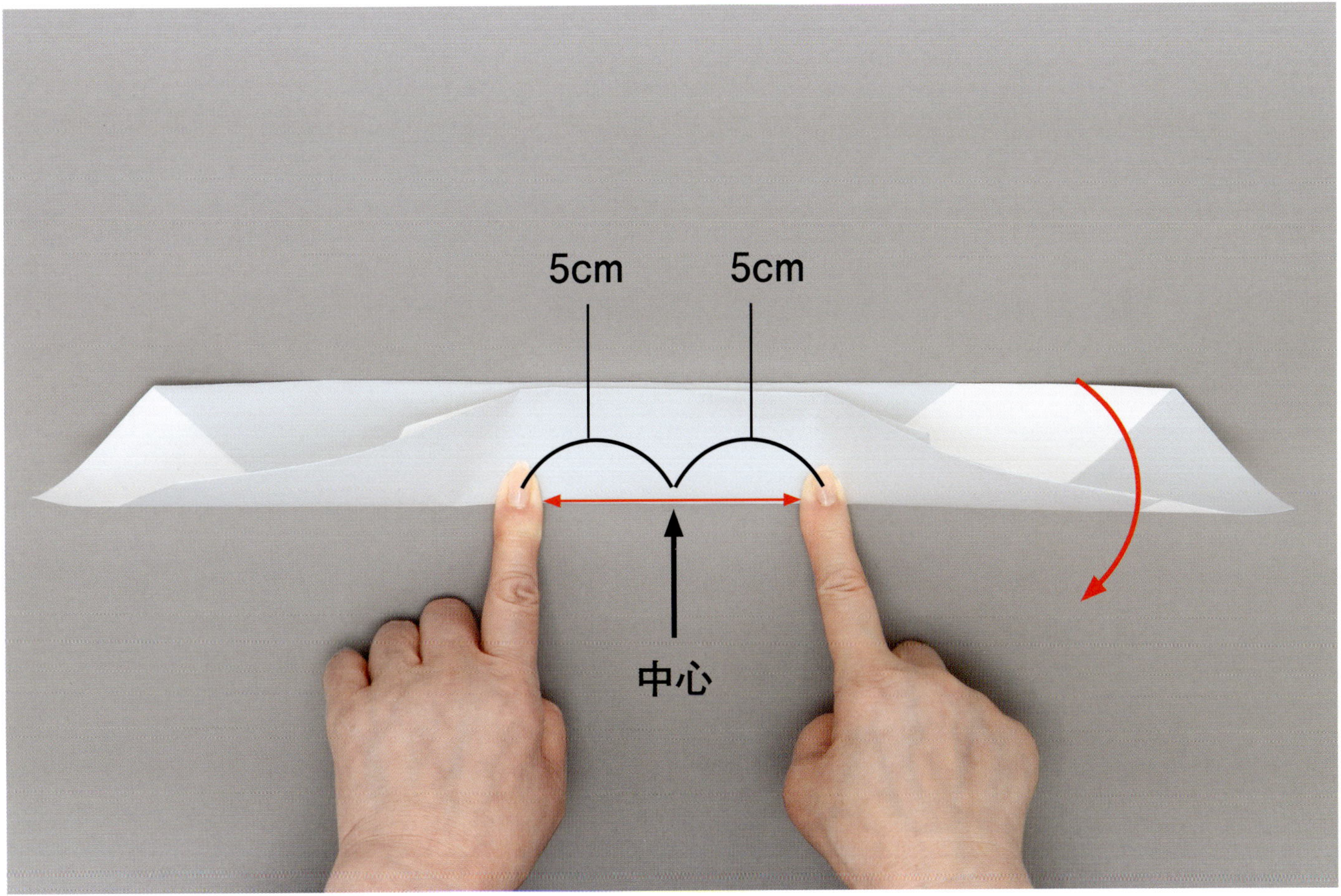

09 中心から左右5cmの山を押さえます。

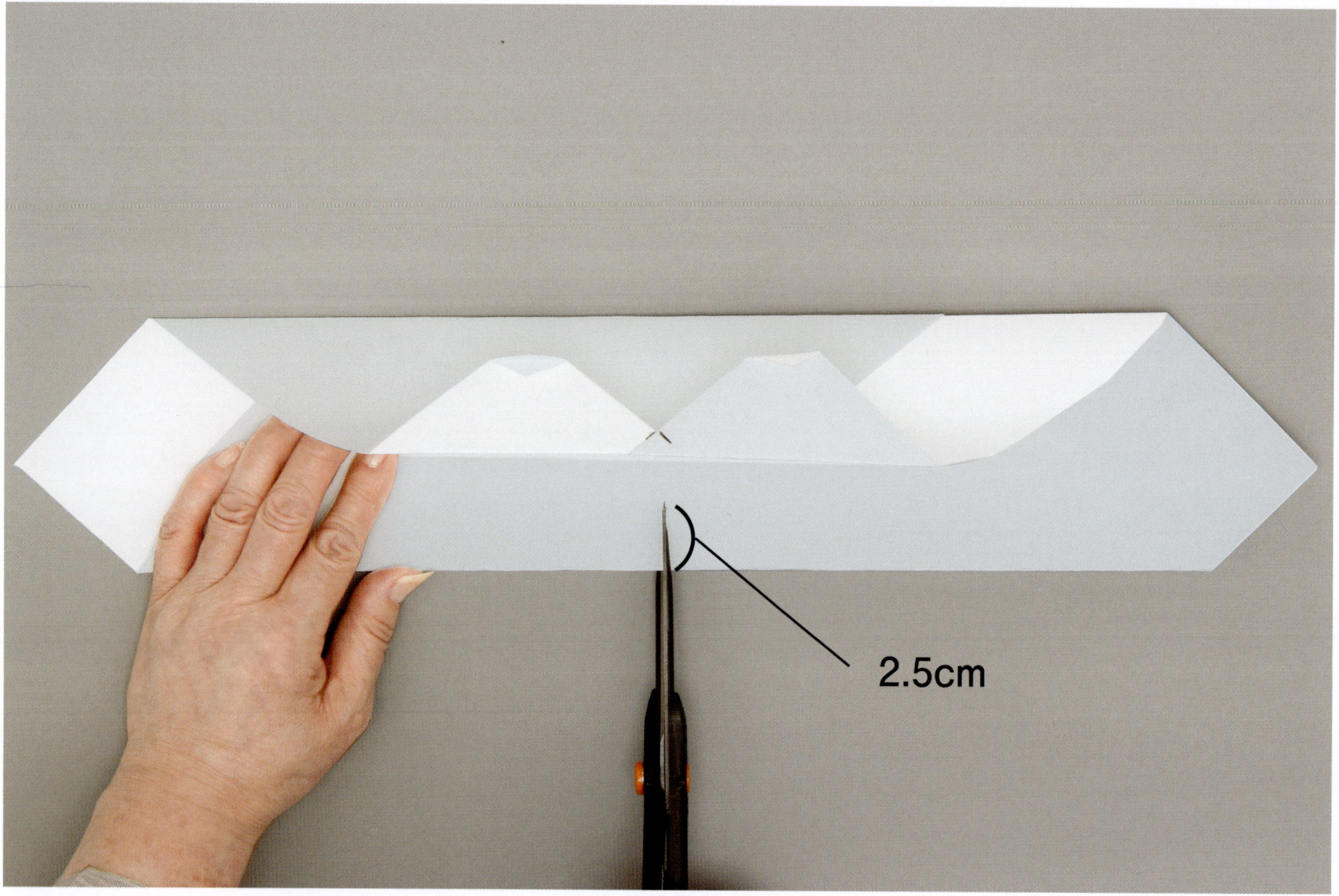

10 広げて、中央（三角形の交差点）に2.5cm切りこみを入れます。

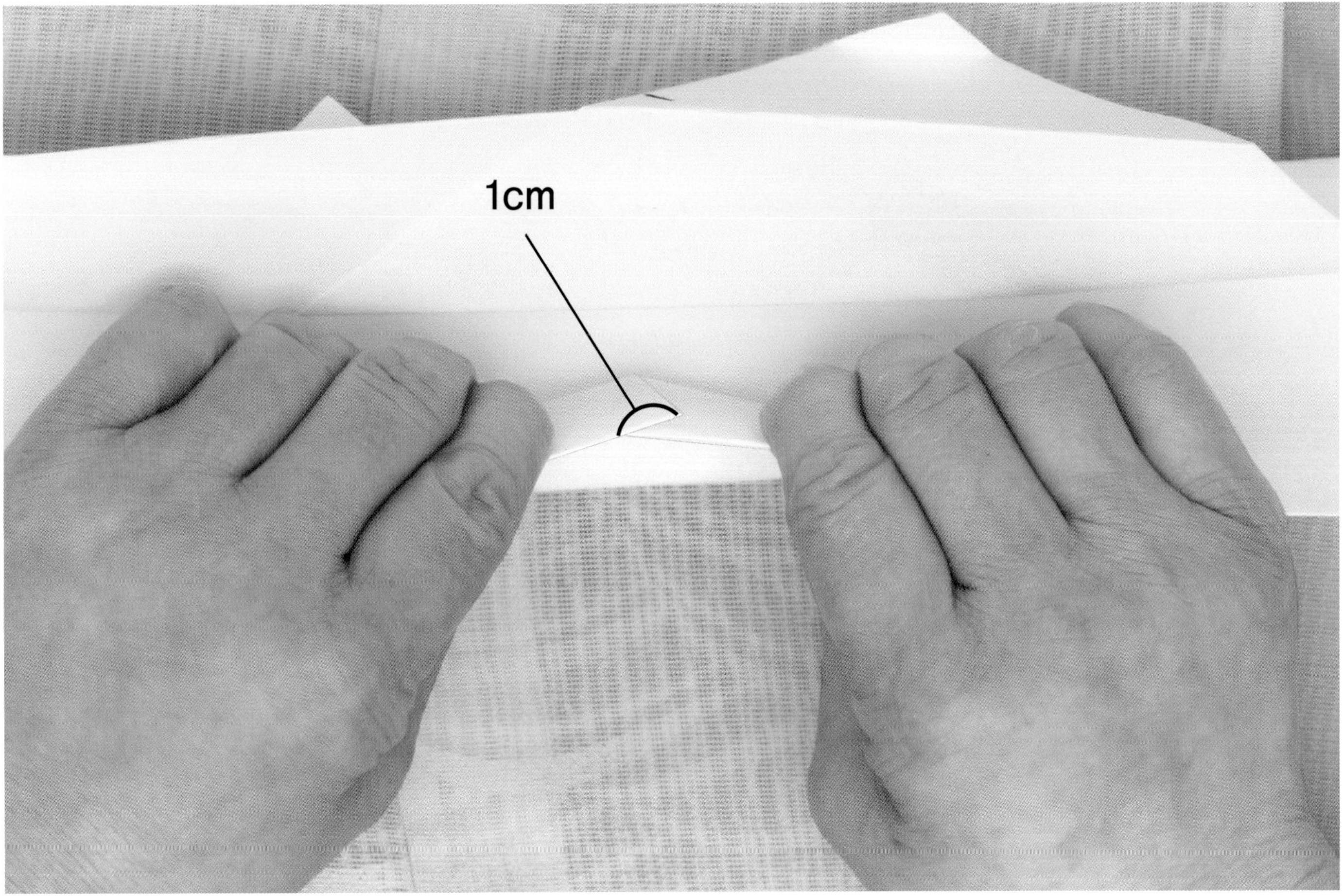

11　カーブを付けるために、切れ目を1cmあわせて、中側から糸でとめます。

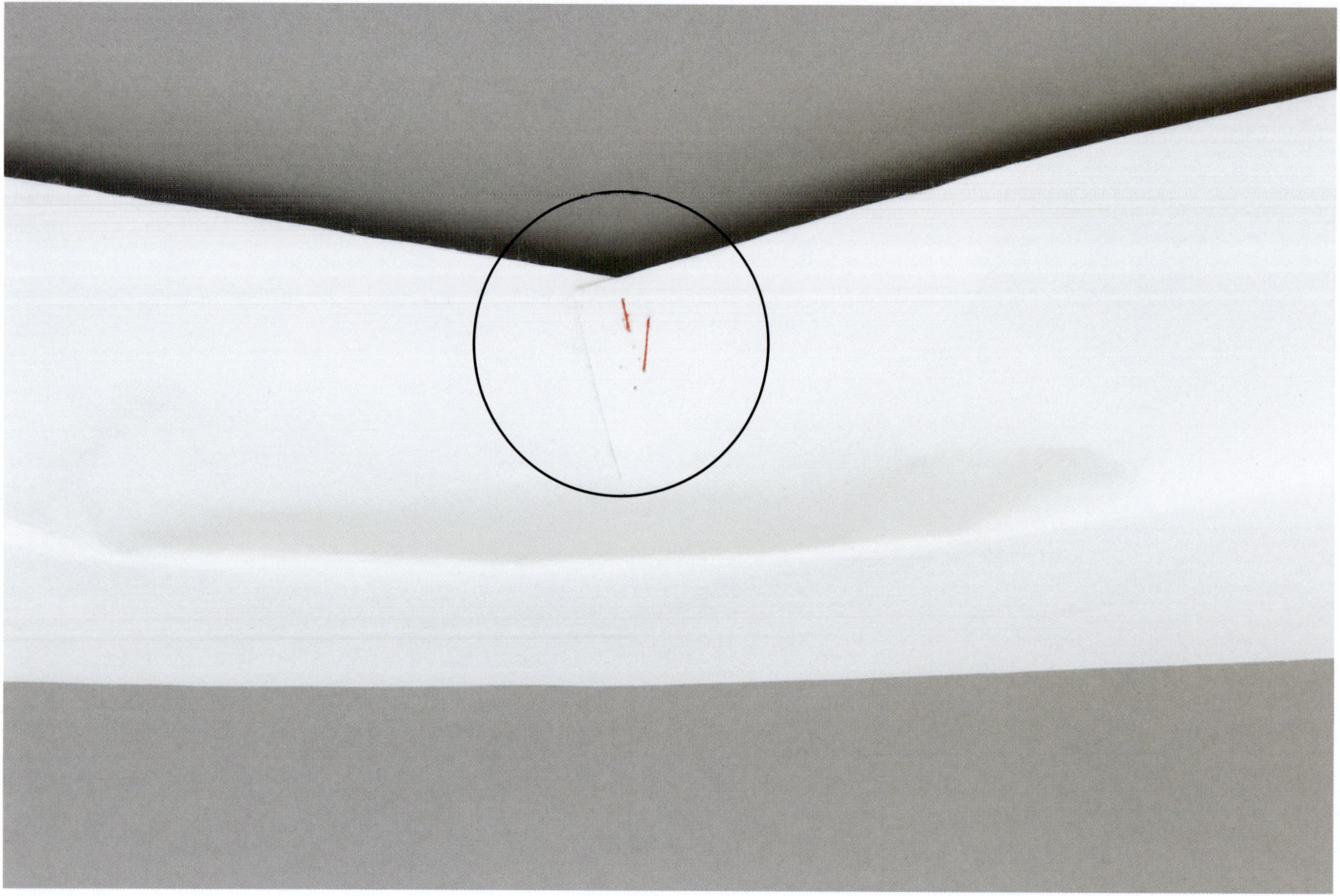

12 縫い合わせたところです。

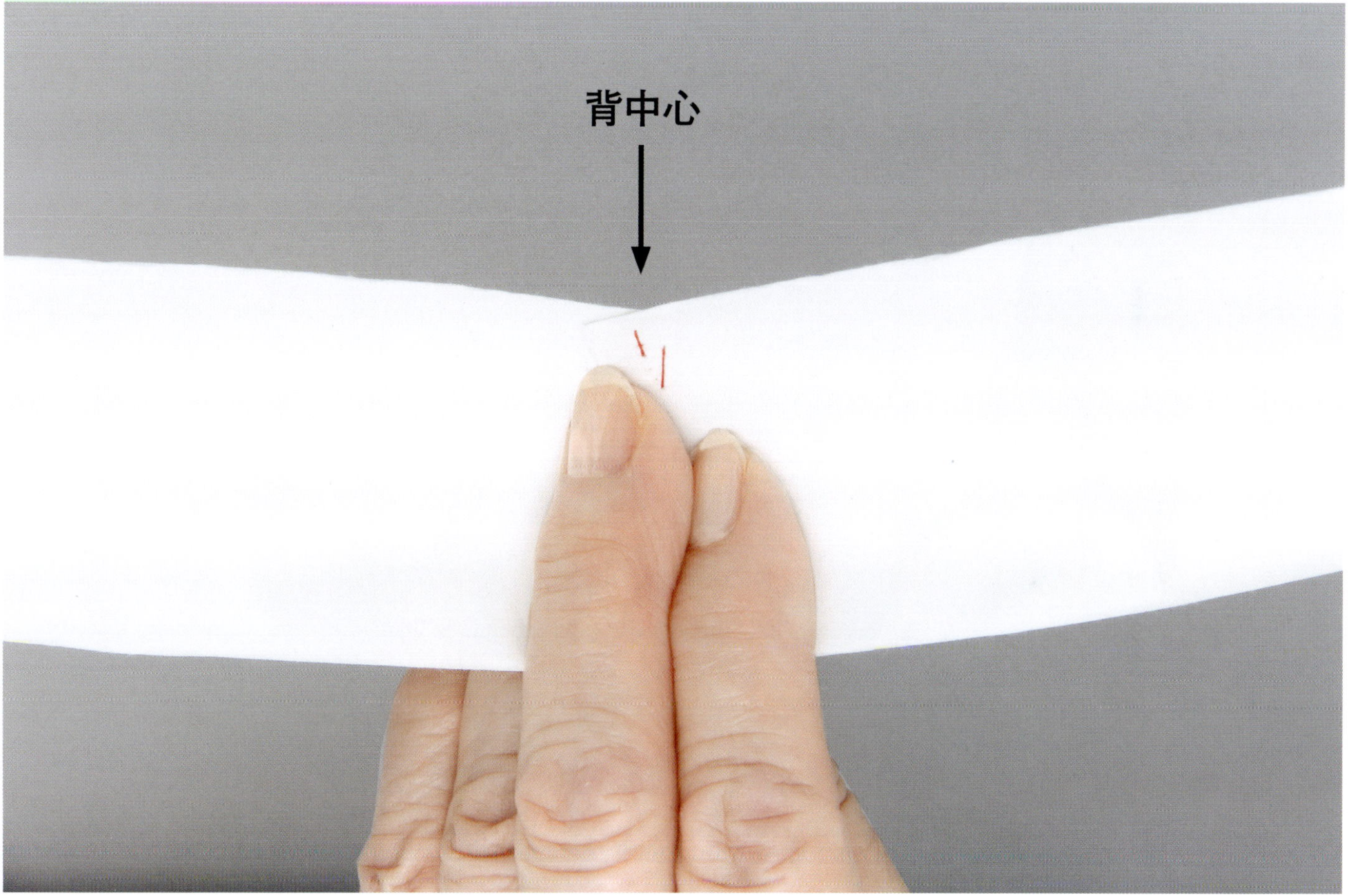

13 左中指を背中心に置き、人差し指を中指に添え写真のように指を揃え、

14 さらに右の人差し指も左の人差し指に揃え、

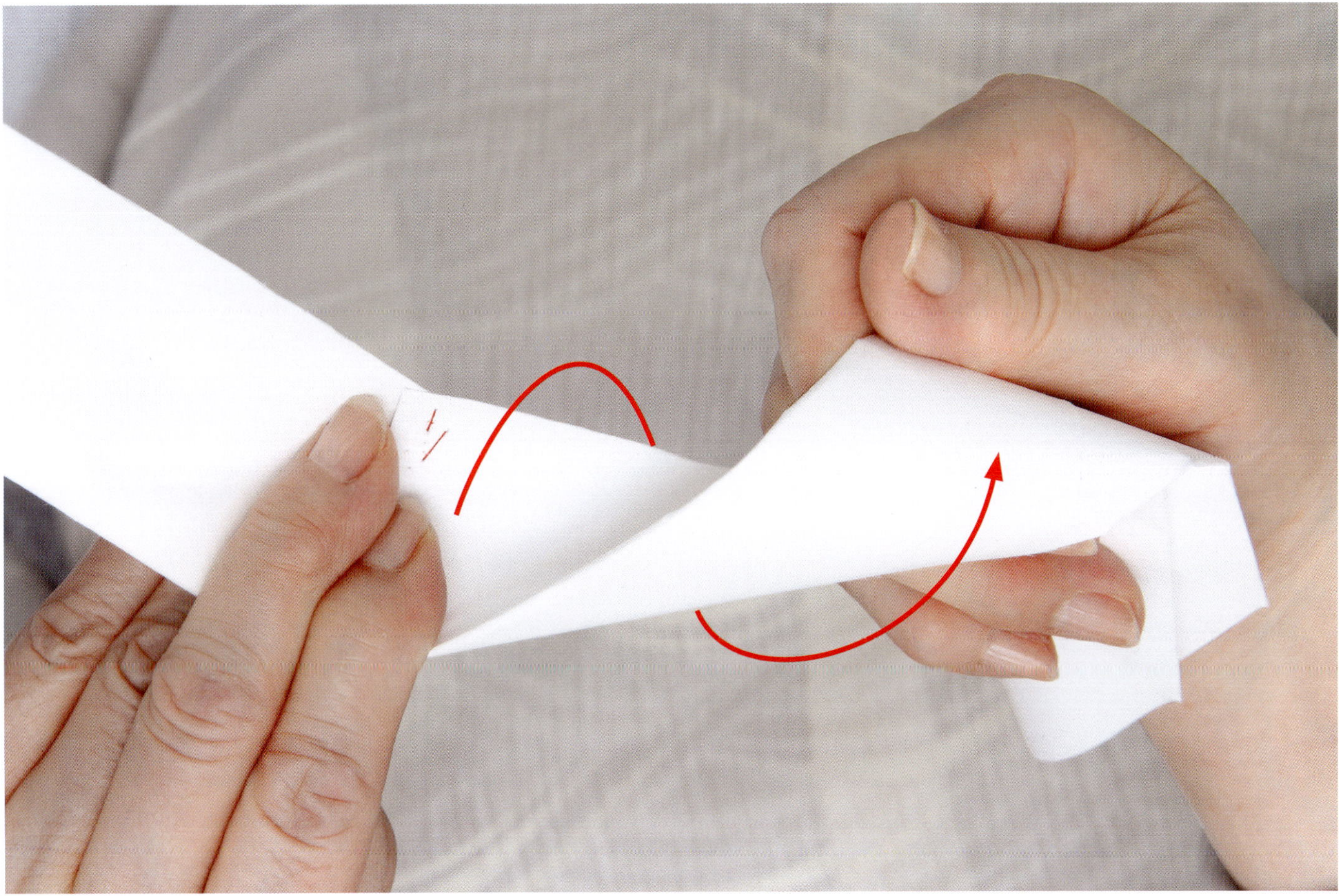

15 螺旋状に奉書紙を引きながら形付け、衿のカーブを作ります。

16 右の中指を背中心に置いて写真のように指を添え、

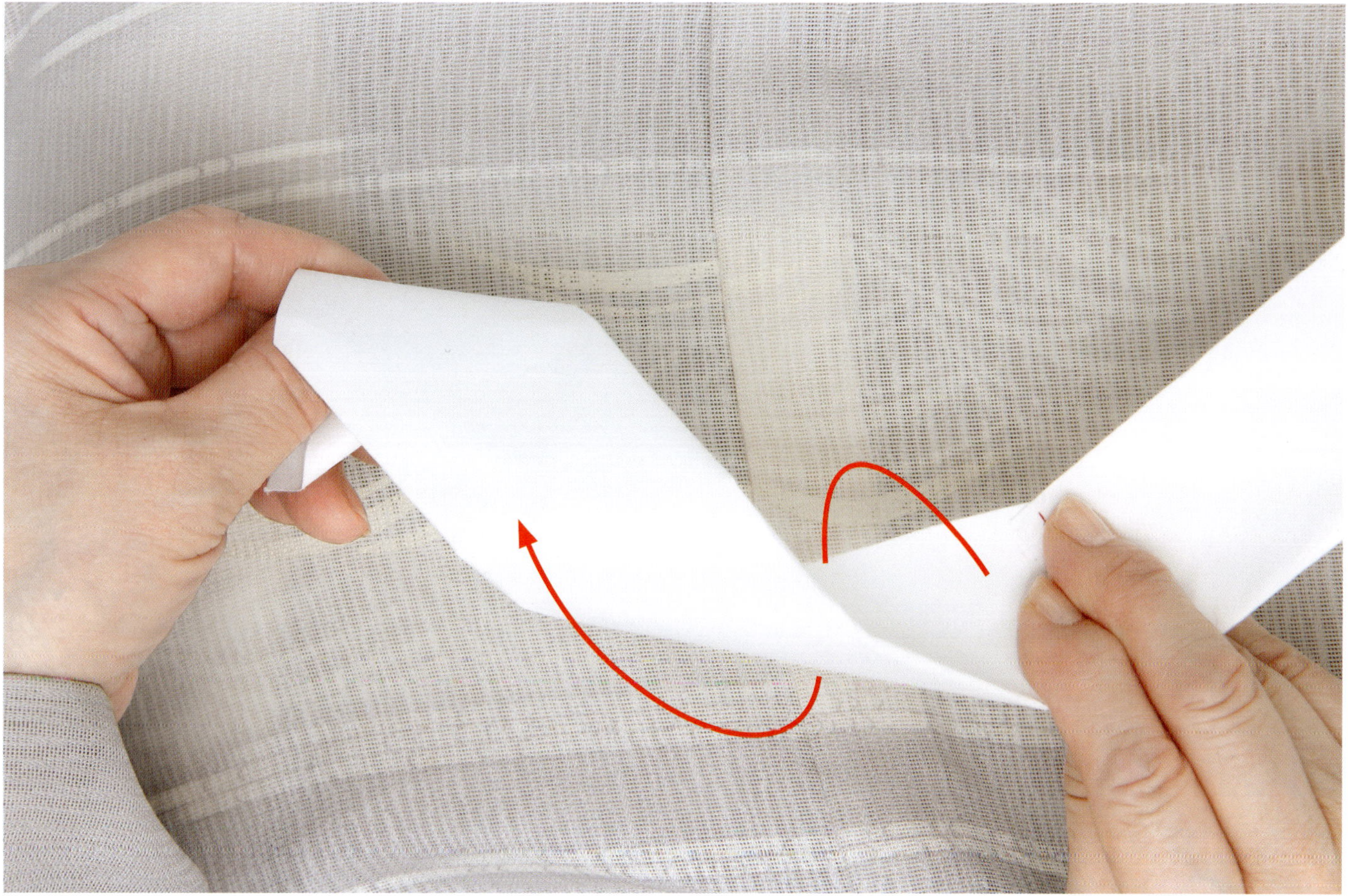

17 反対側も15と同様に螺旋状に形付けます。

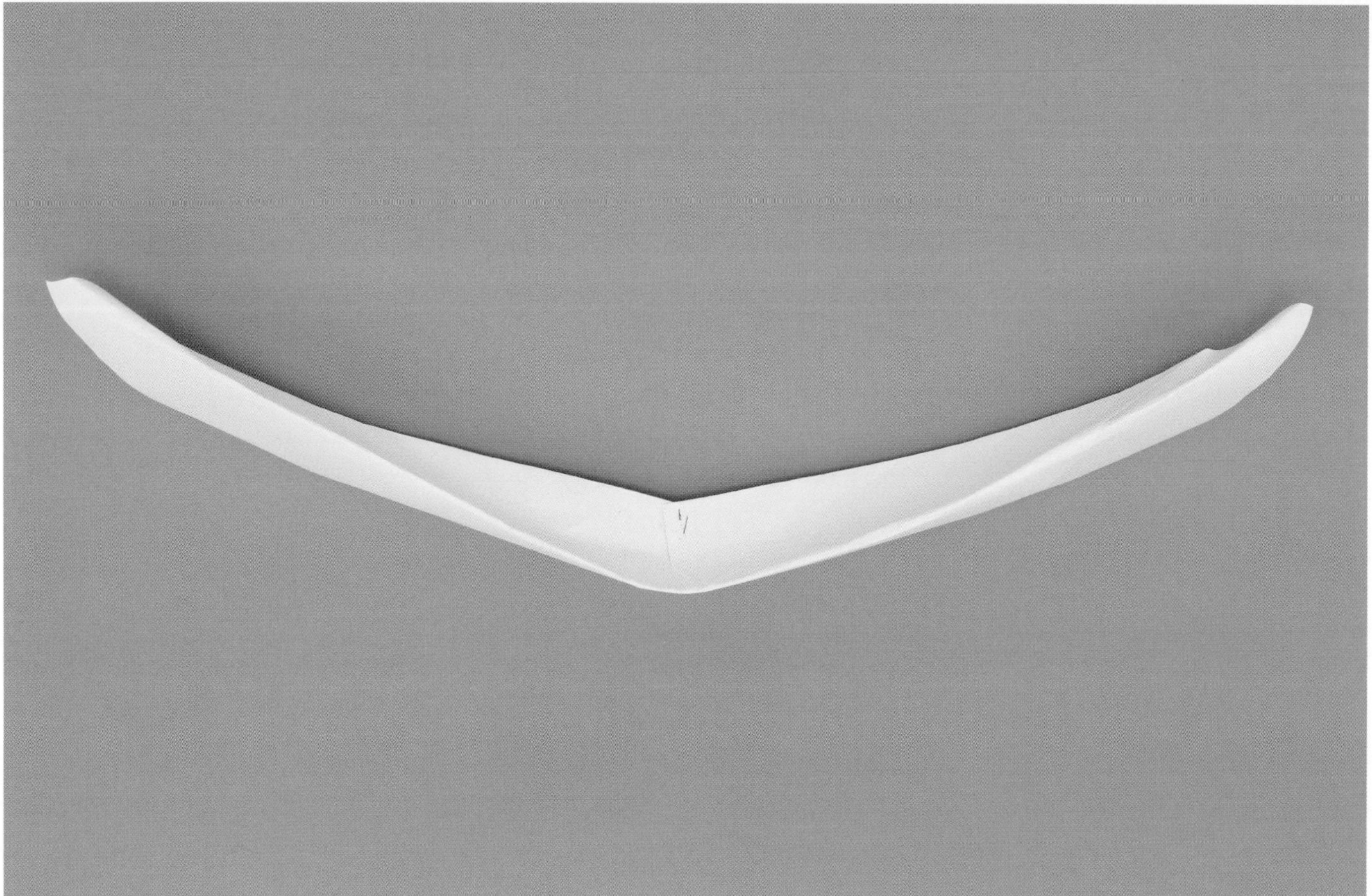

18 衿の形が出来上がりました。

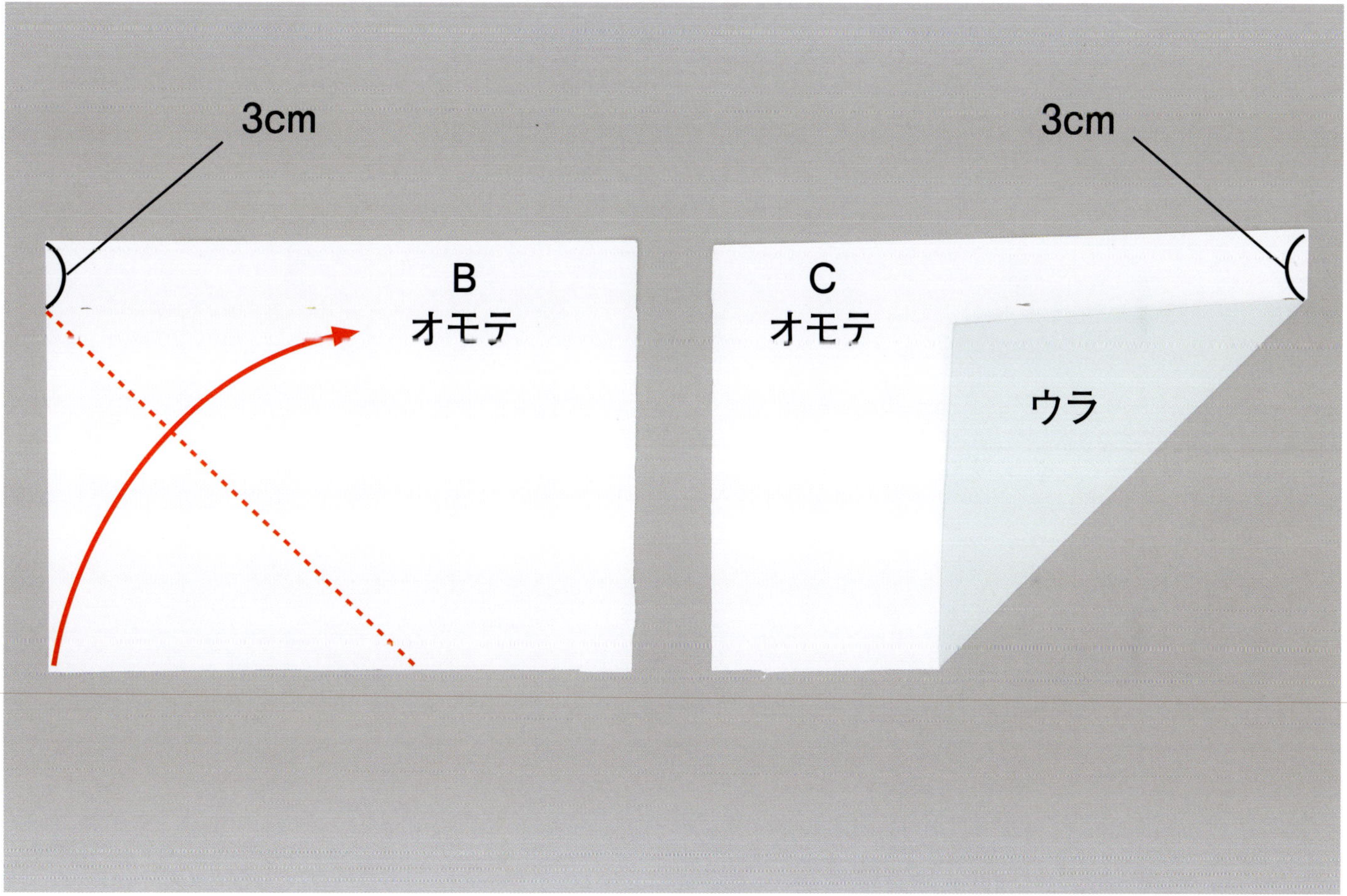

19 B、Cを表を上にして置き、Bは左上から3cm、Cも同様に右上から3cmに印を付け、写真のように折り上げます。

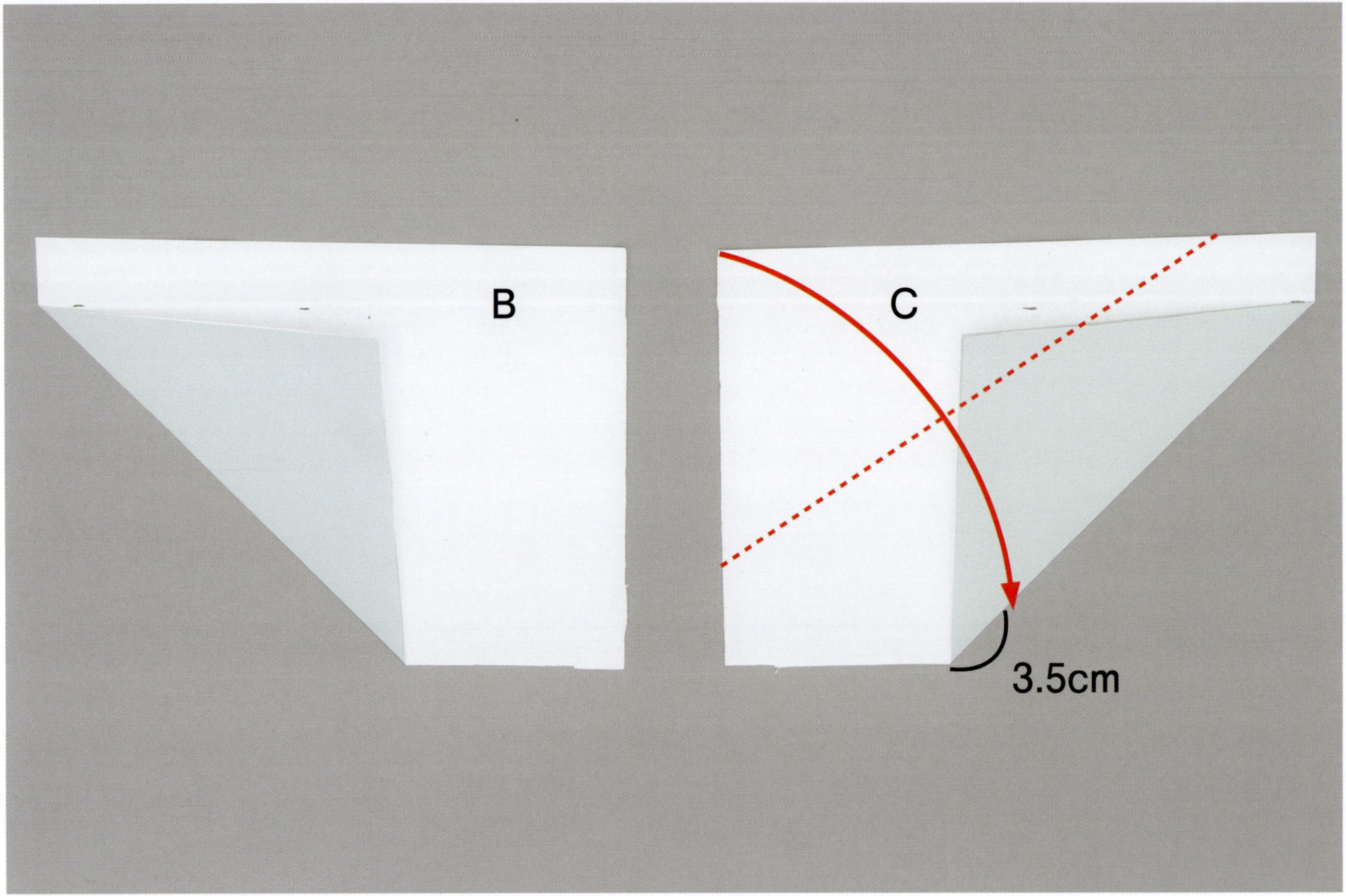

20 折り上げた三角のＣは、写真のように3.5cmの所に印を付け、上左角を折り下げて、印の所に重ねます。

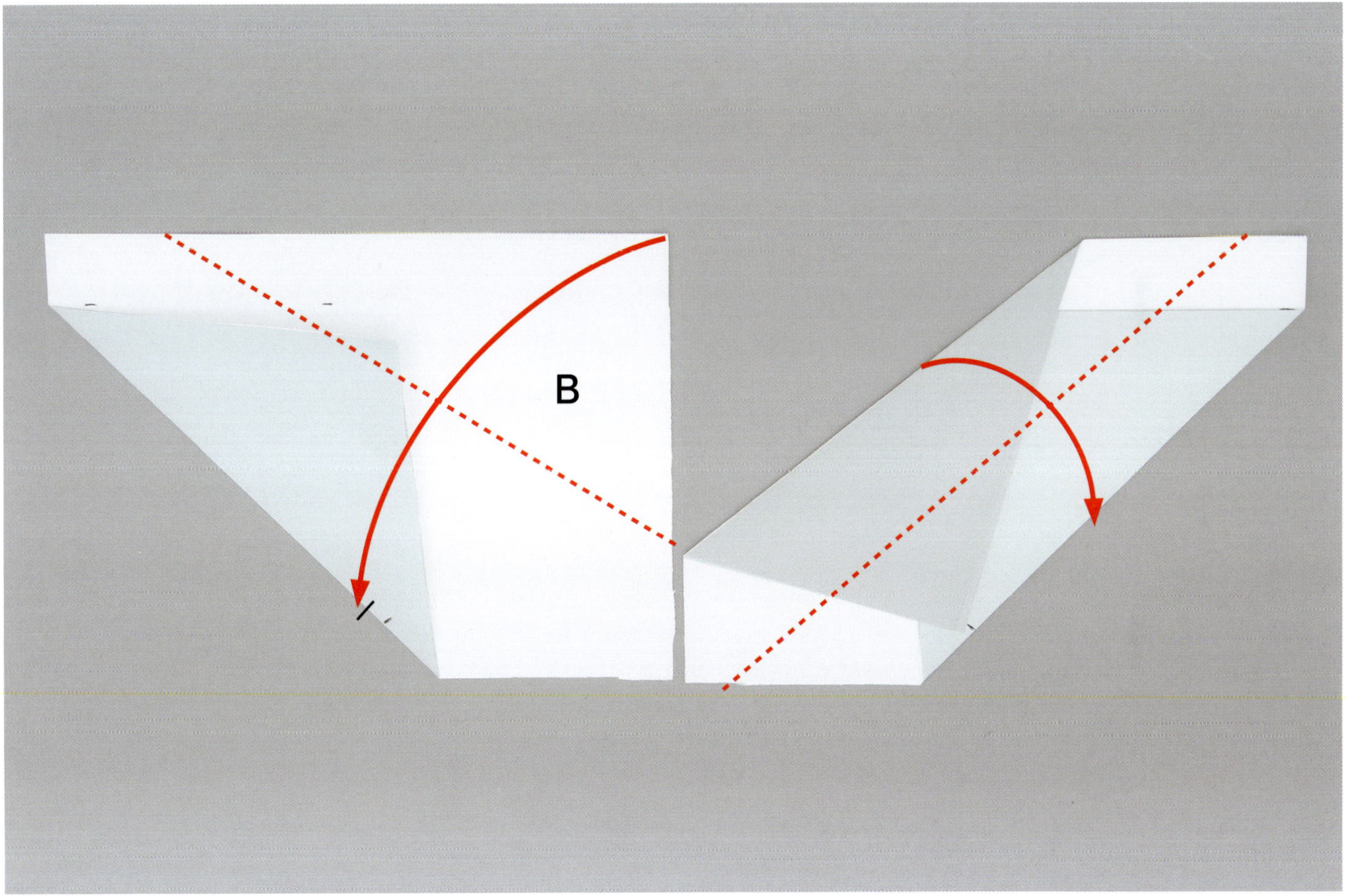

21 Bも同様にして、

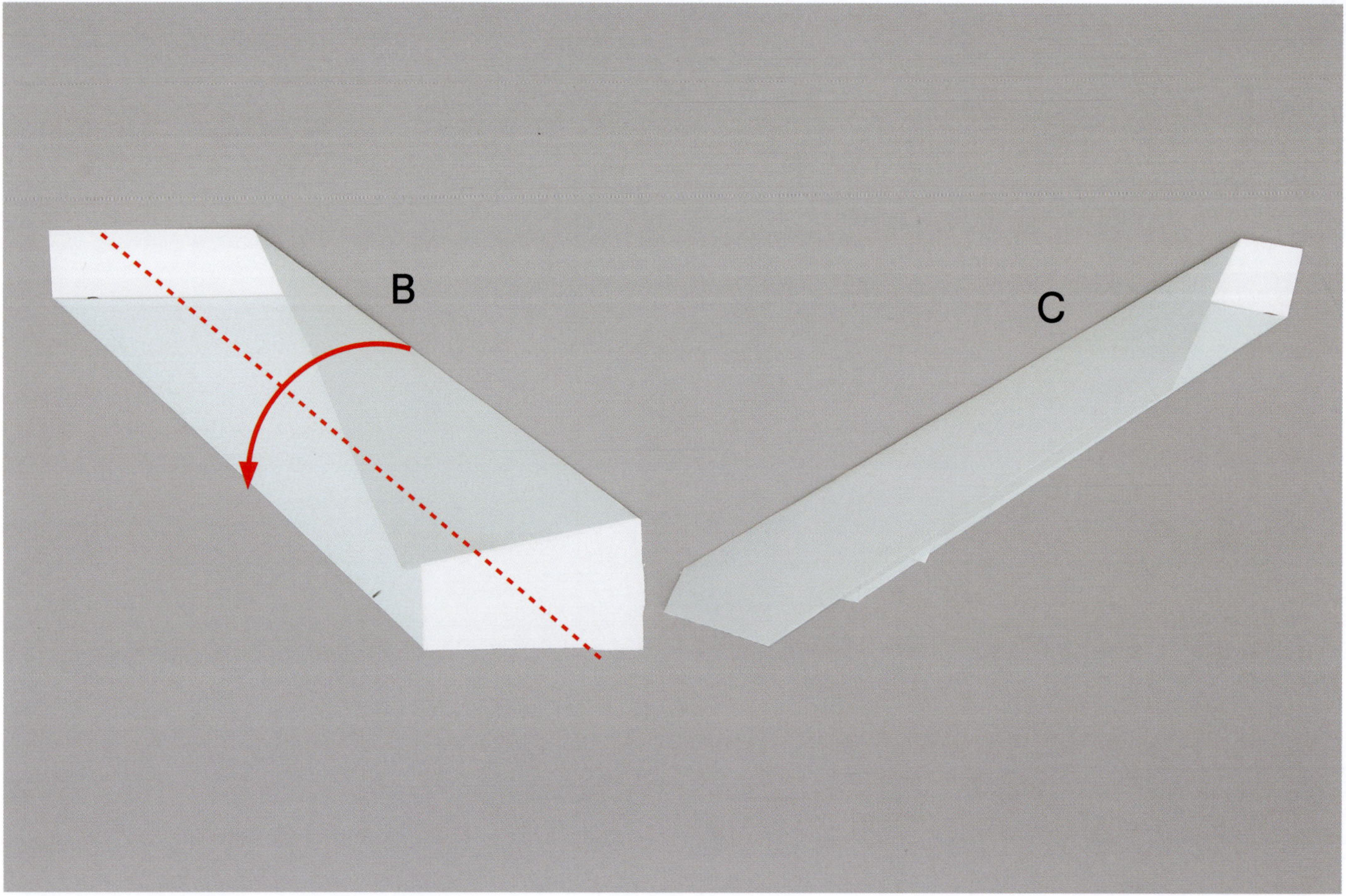

22 B、C共に更に、二分の一に折ります。

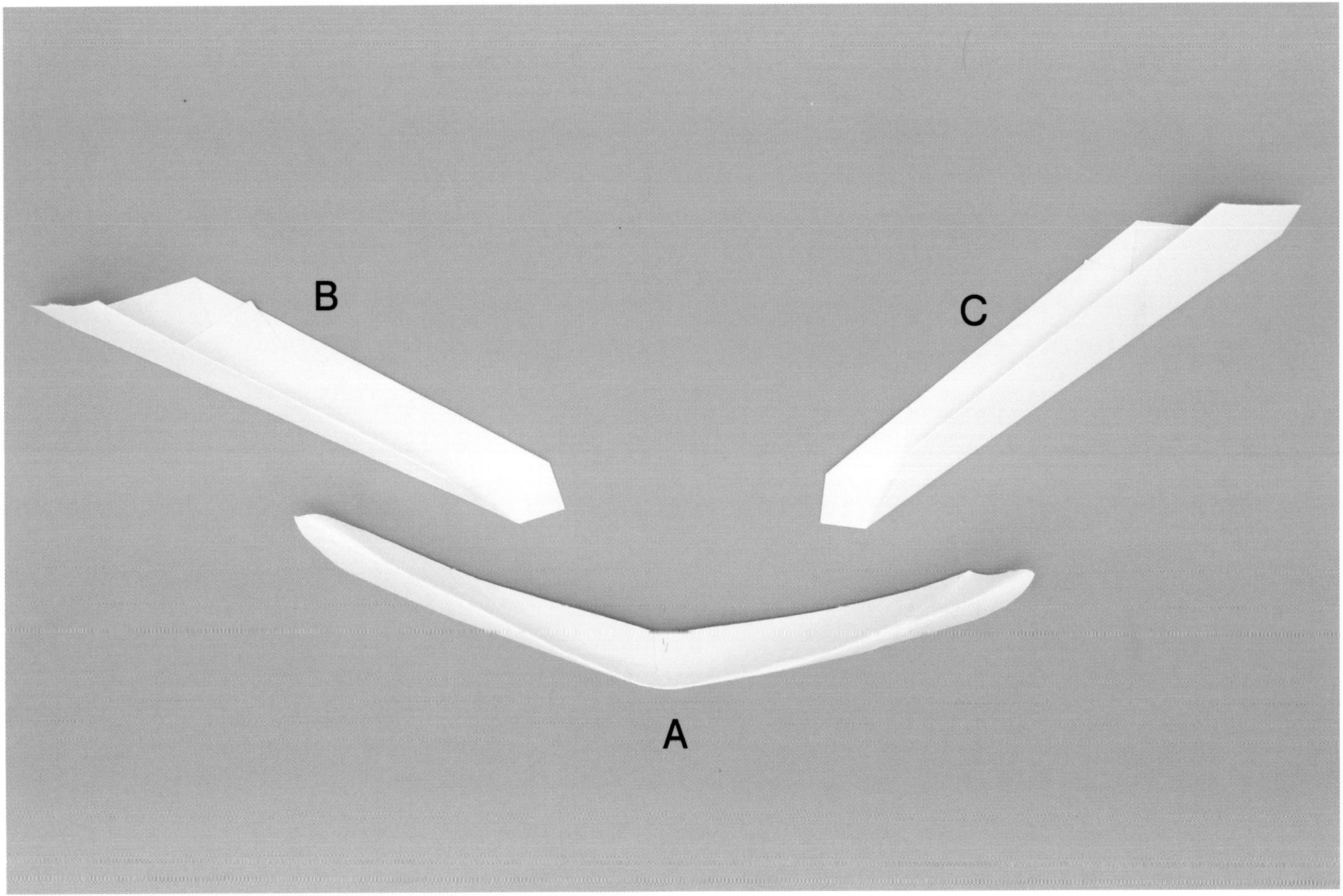

23 奉書紙の衿芯のパーツが出来上がりました。

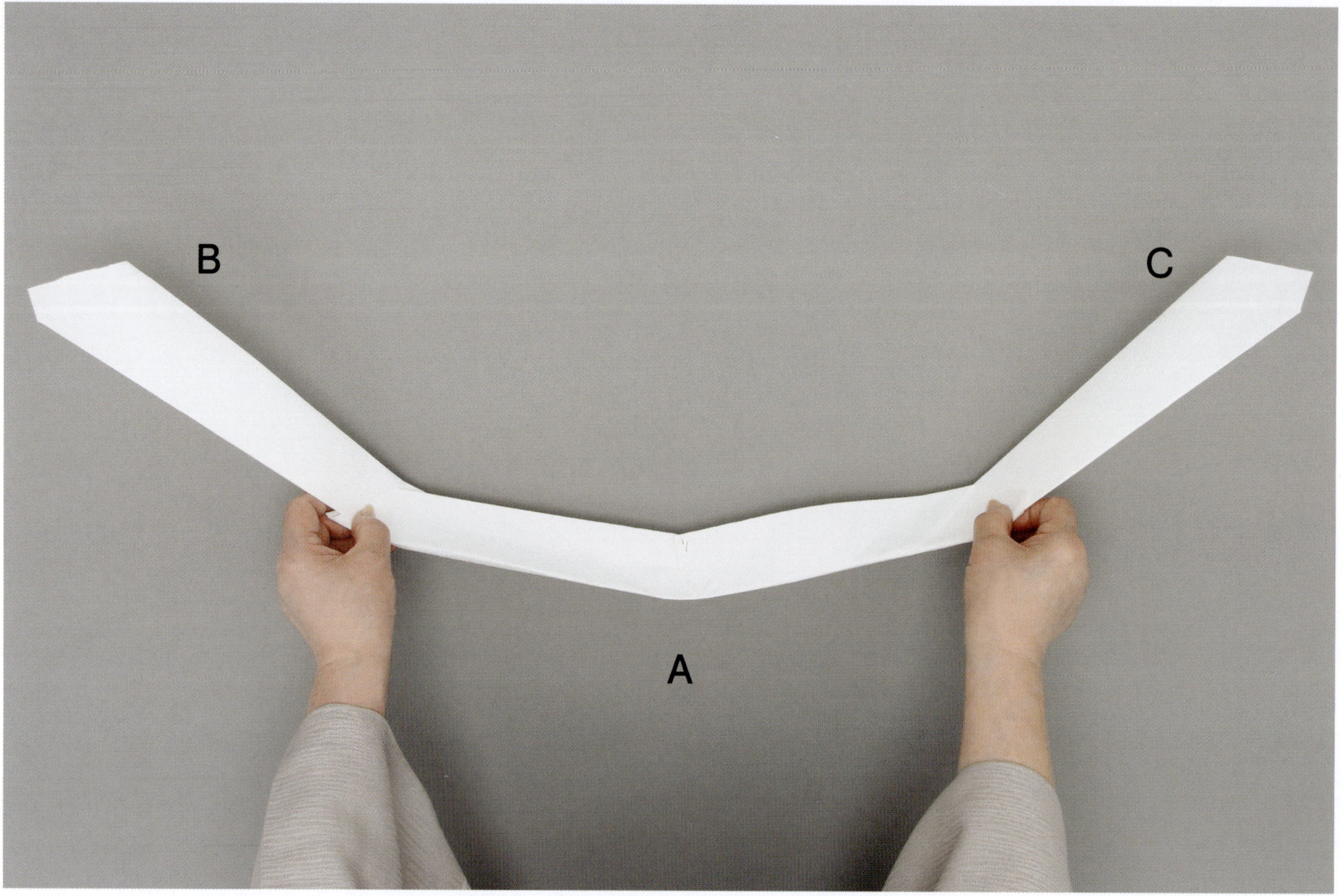

24 写真の様に組み合わせて使用します。

■半衿の付け方

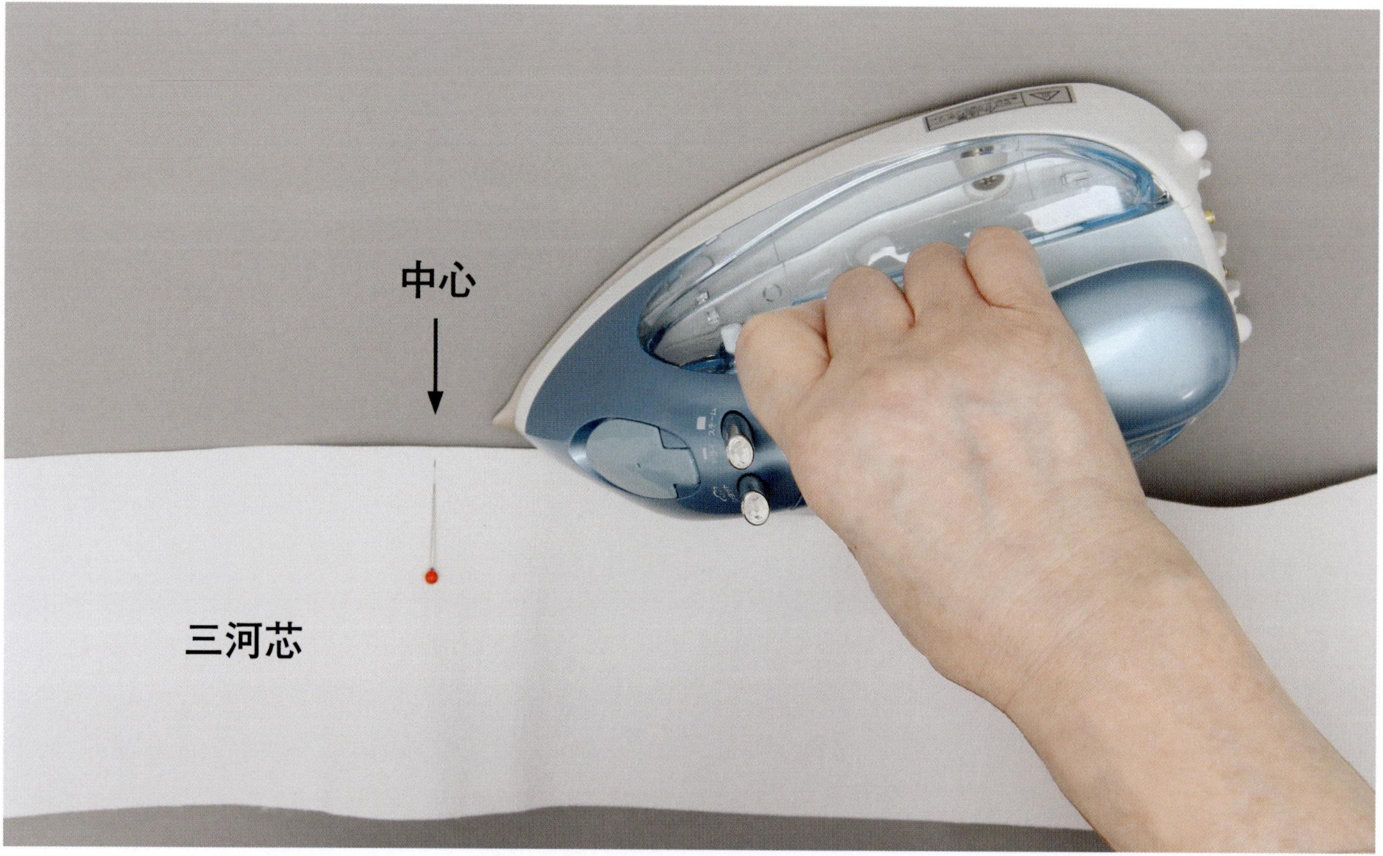

01 半衿、三河芯は共に湯通しして、絞らずに真っ直ぐなハンガーに干し、生乾きの時にアイロンをかけます。

□**湯通しの仕方** 半衿と三河芯を39度程度のお湯に20 ～ 30分ほど浸し、軽く押して糊を取り除きます。

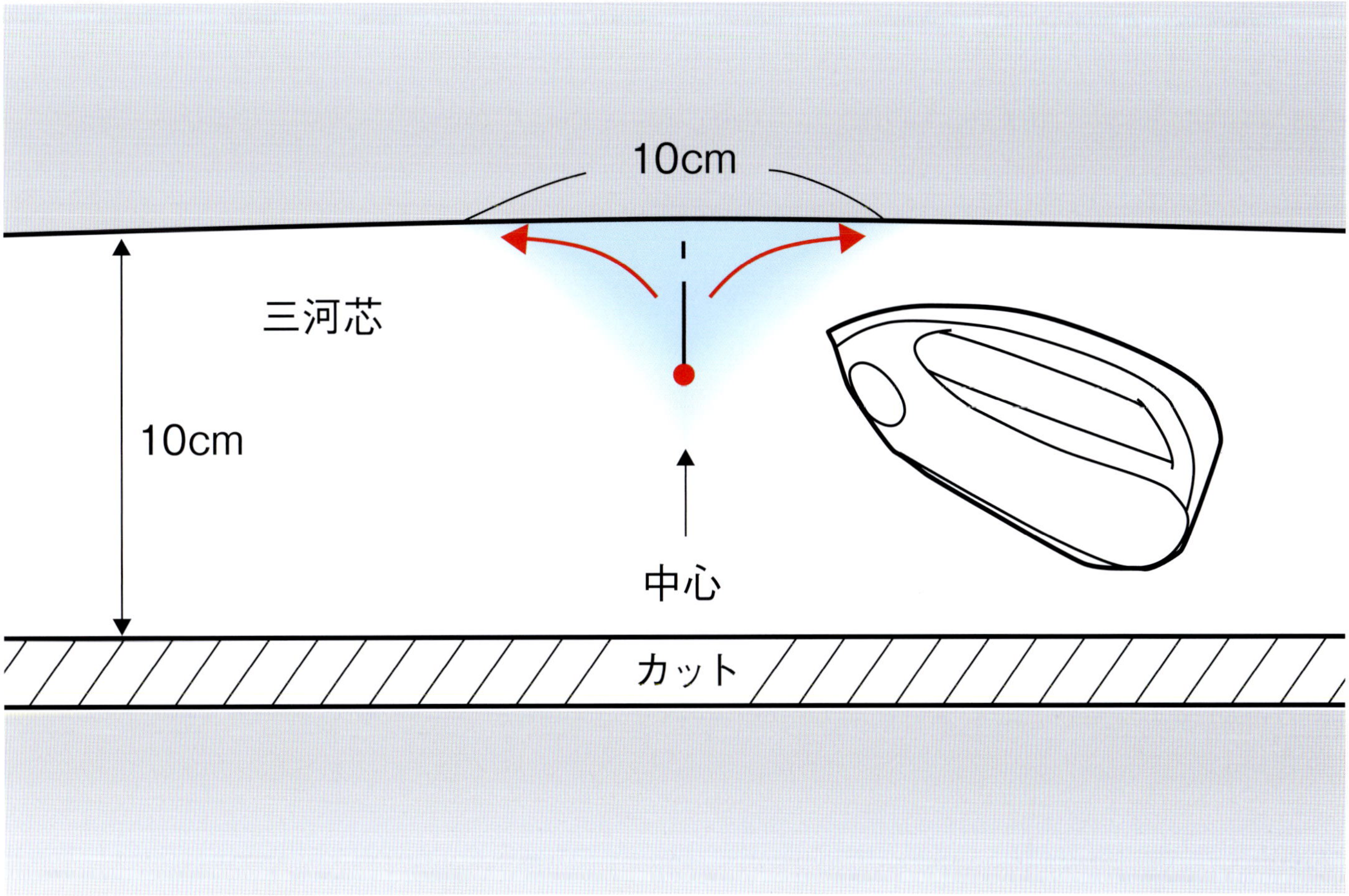

02 三河芯は中心から左右5cmの所をカーブさせながらアイロンをかけます、着物の衿が11cmの場合は、長襦袢の衿は5cmに仕上げるため、三河芯の余分な所を切って、10cmに整えます。あくまでも着物の衿幅に合わせます。

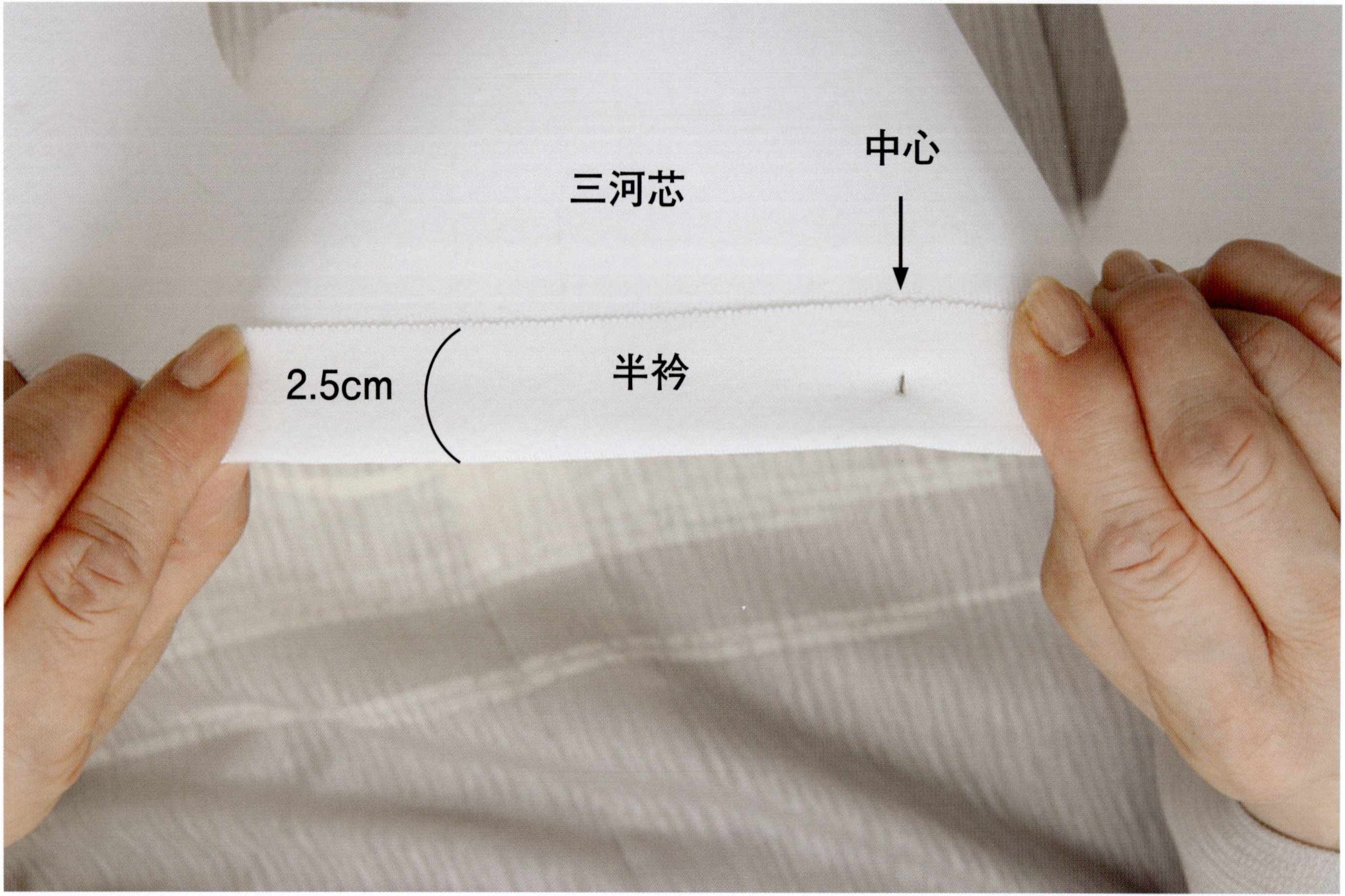

03 三河芯の中心にまち針をし、半衿の中心を2.5cm被せ、

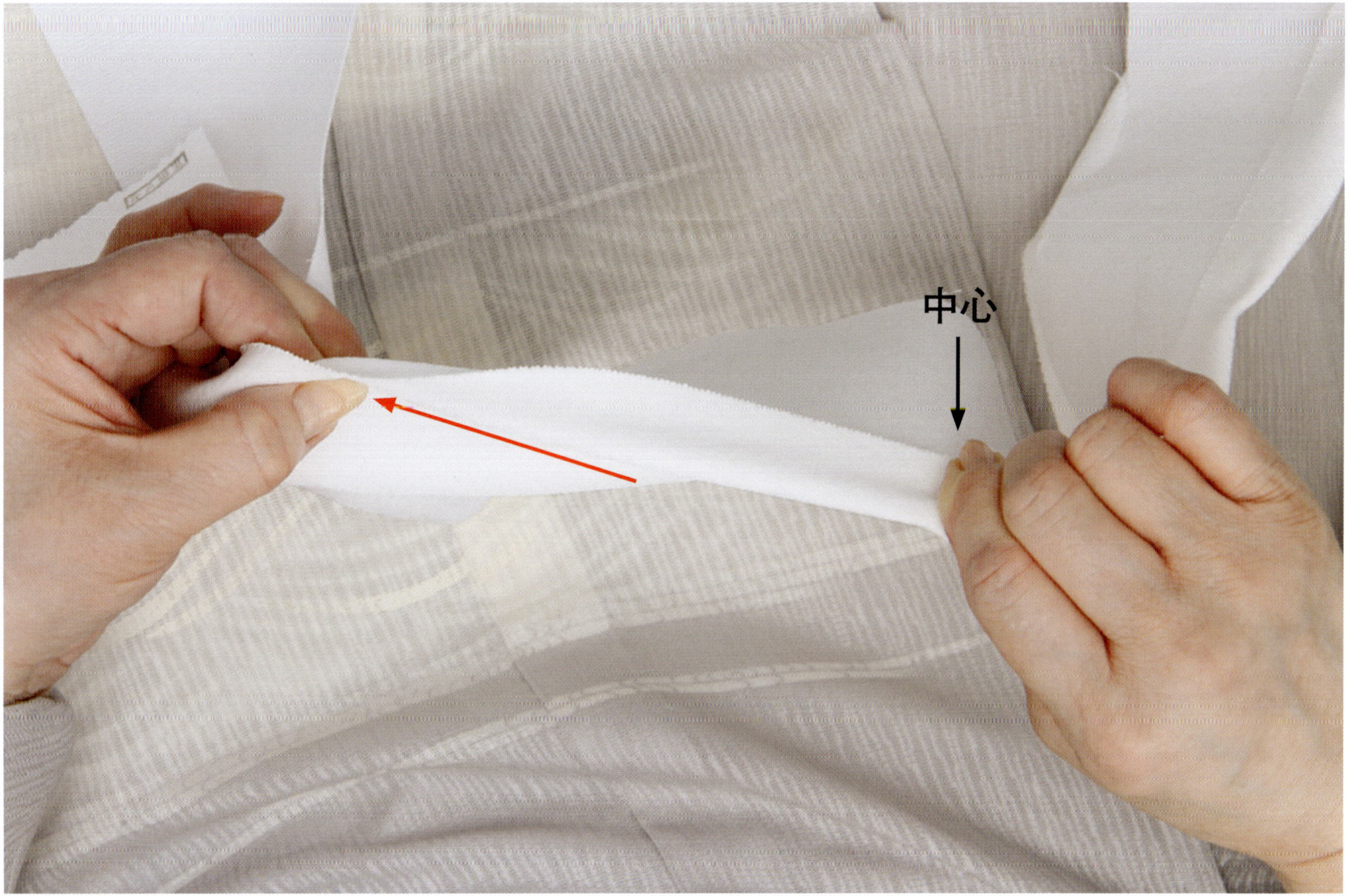

04 中心から半衿の方を引き気味にしながら、まち針でとめます。

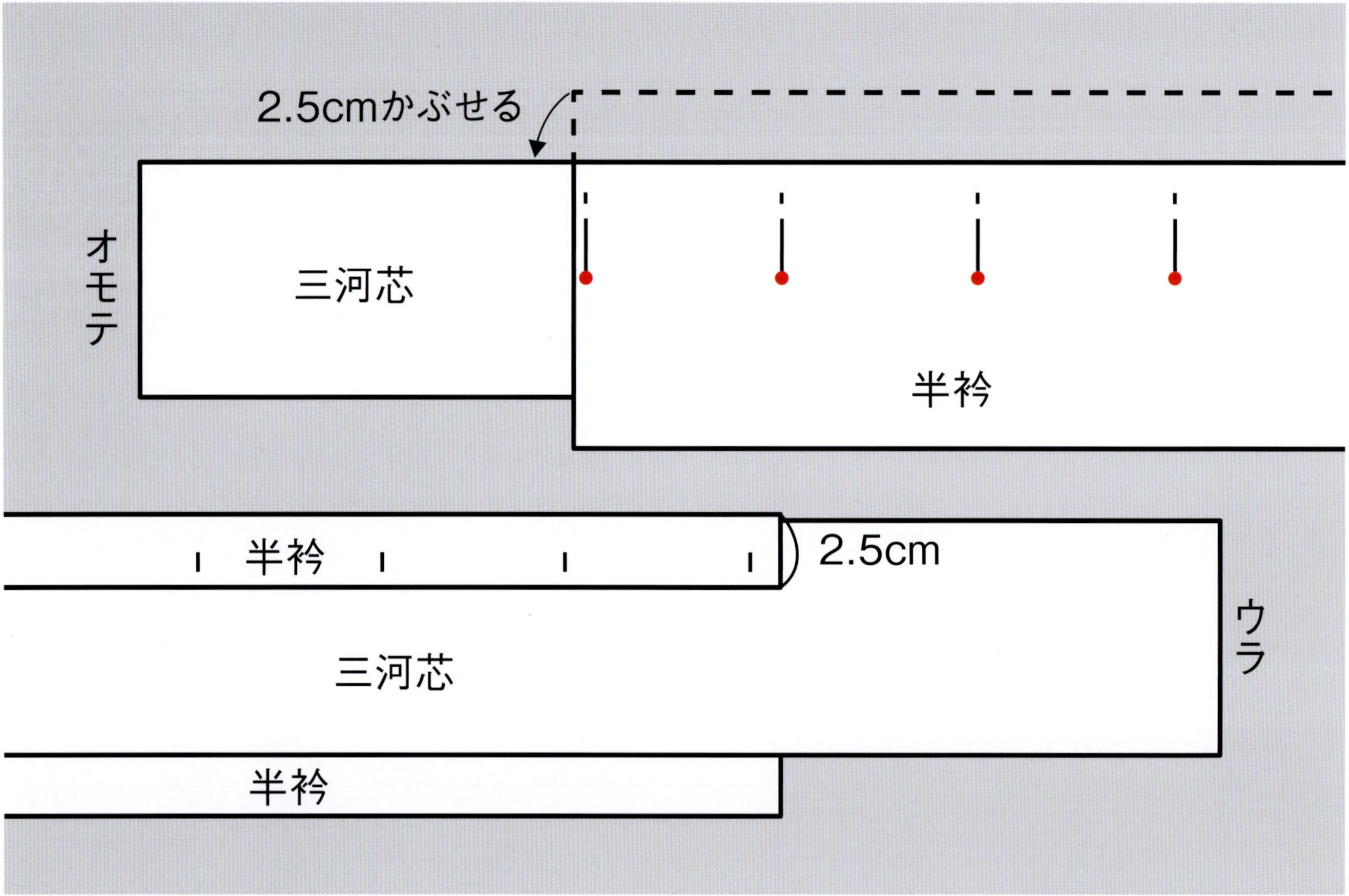

05 三河芯へのかぶせ方

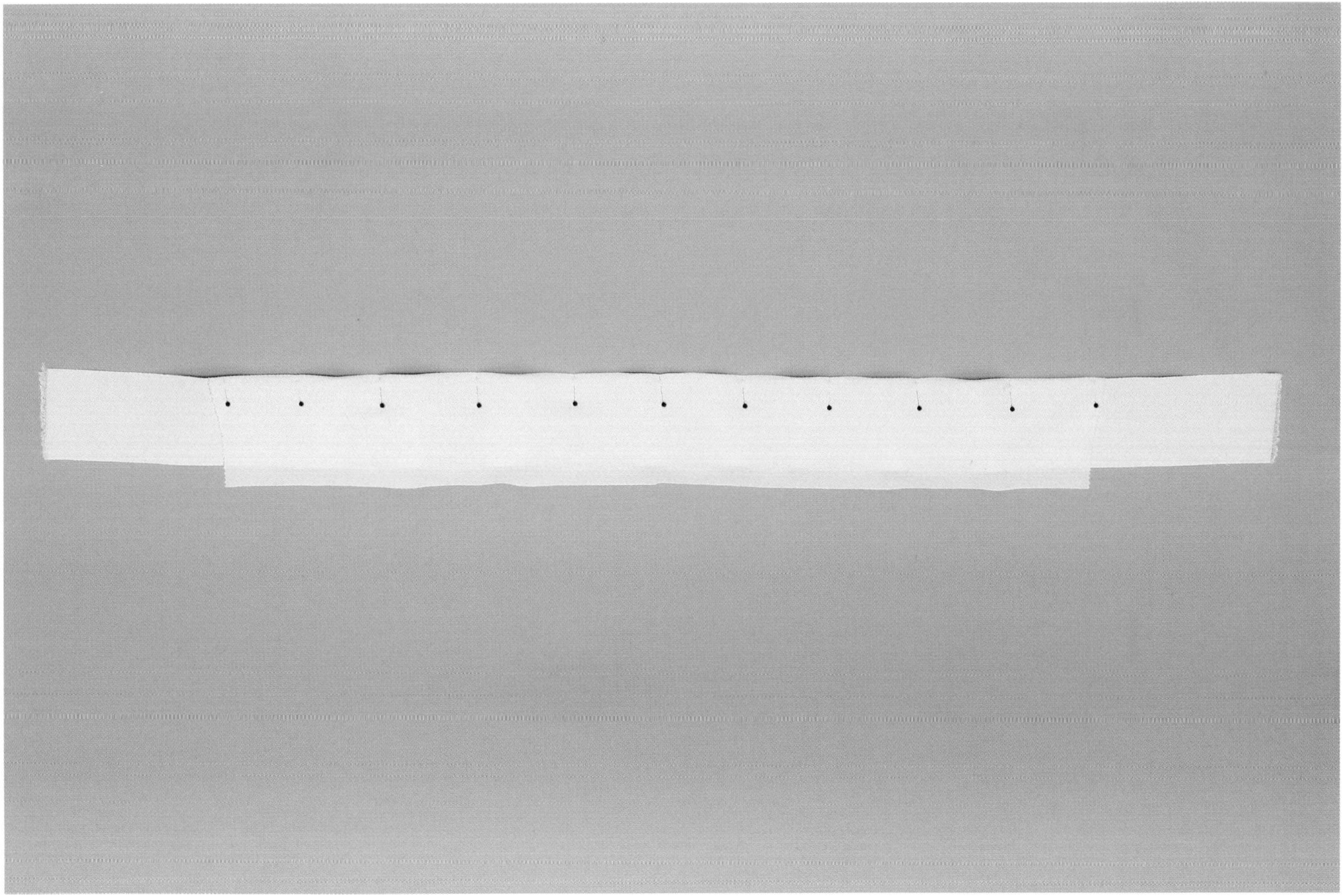

06 三河芯に半衿をまち針でとめたところです。

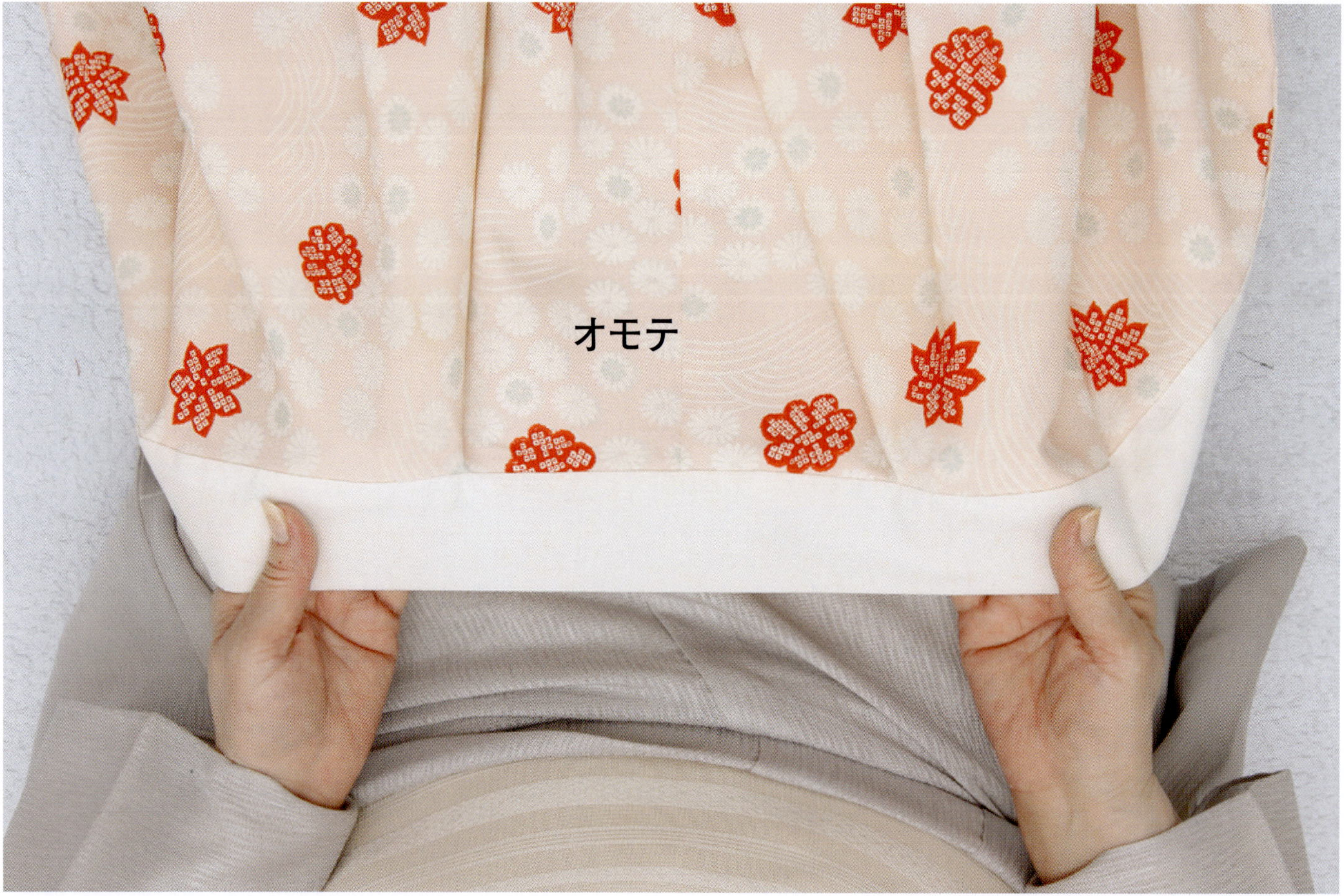

07 長襦袢の表を見て、

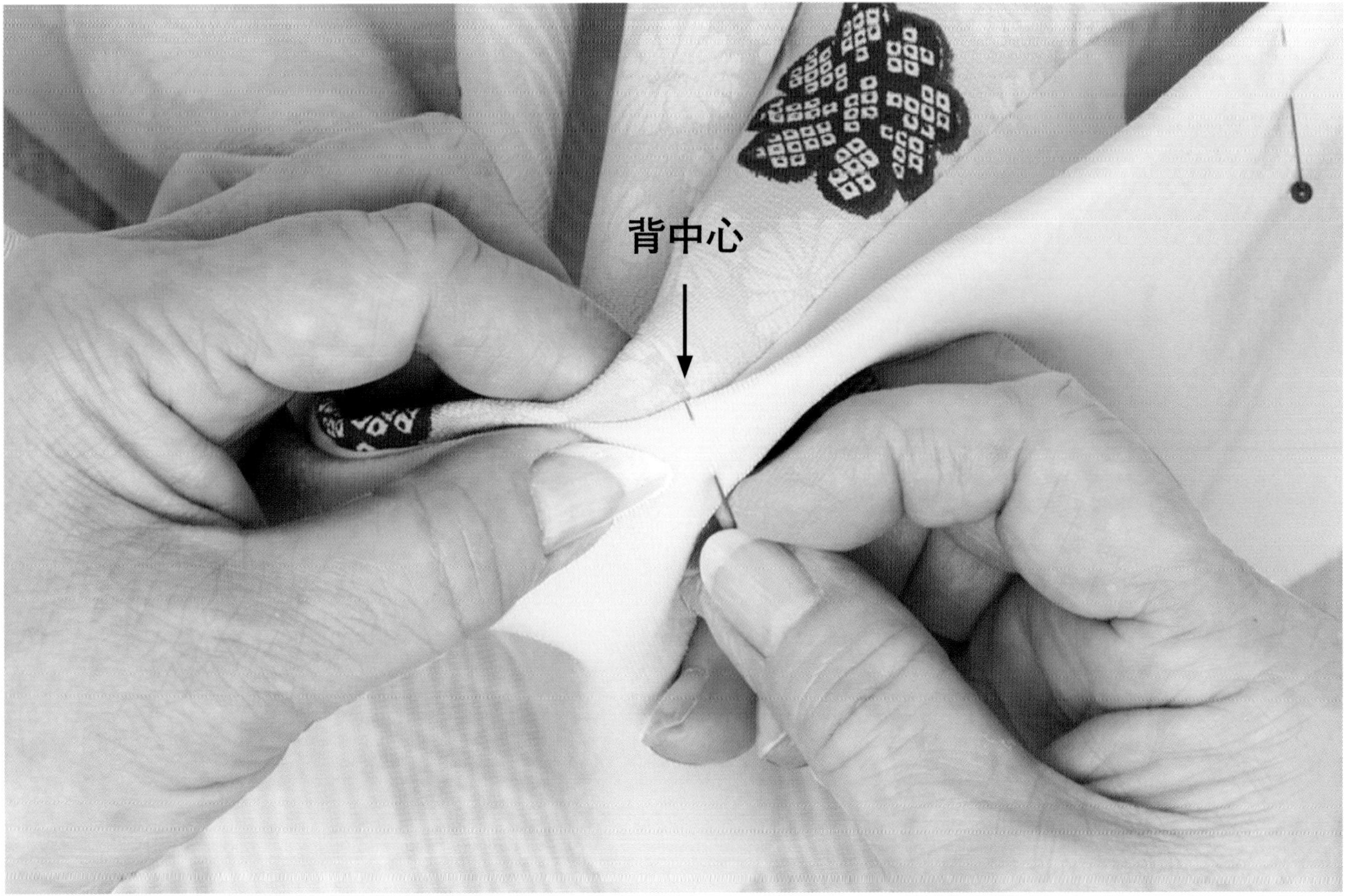

08 長襦袢の衿を手前にして、まち針を打った半衿を1～2mm被せ気味にして長襦袢の背中心にまち針を打ち直します。これは長襦袢を着付ける時に衿付けが出ないようにするためです。

09 衿を吊り気味にしてまち針を打ち直し、

10 衿先までとめていきます。

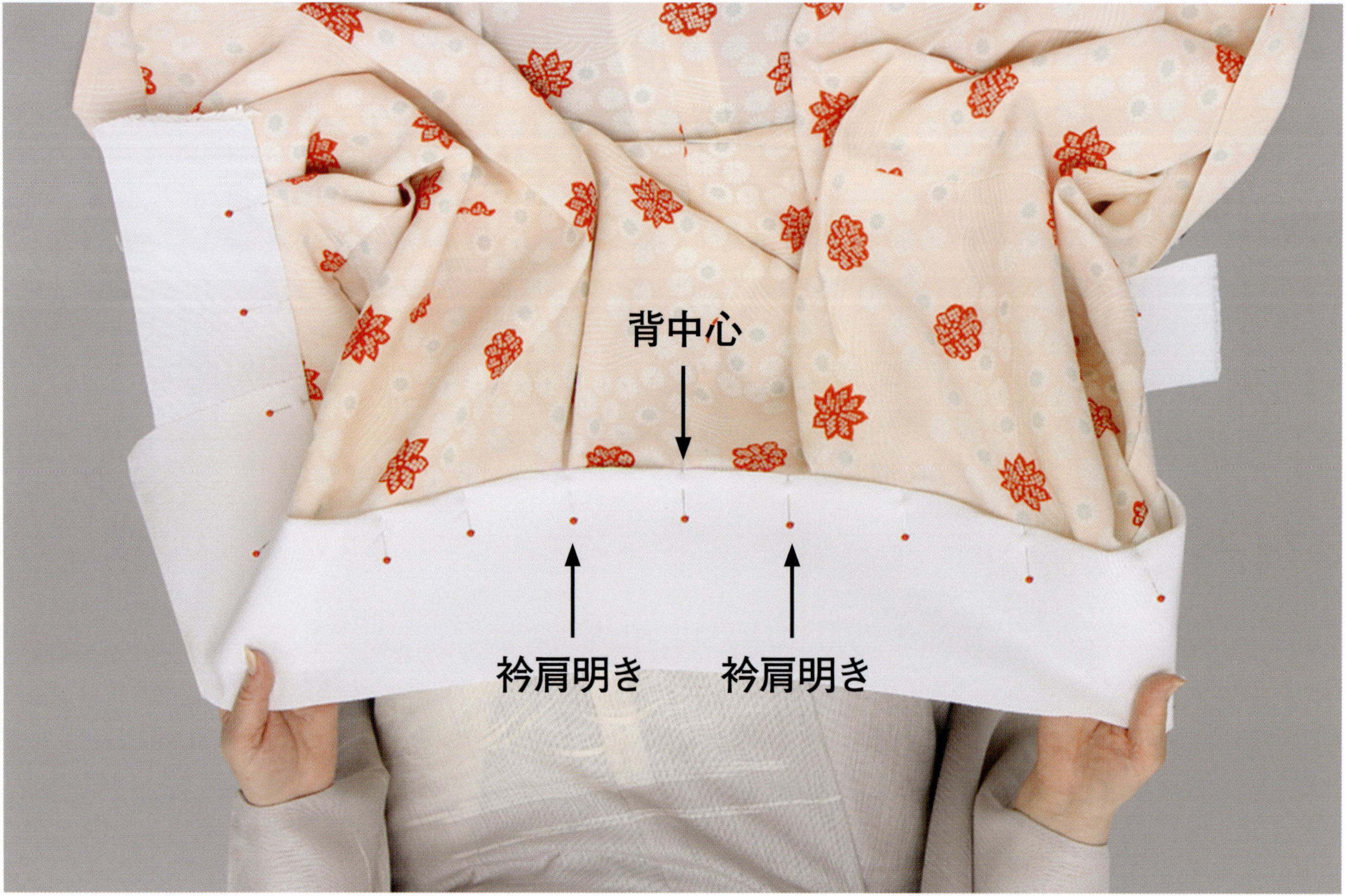

11 まち針が打ち終わりました。

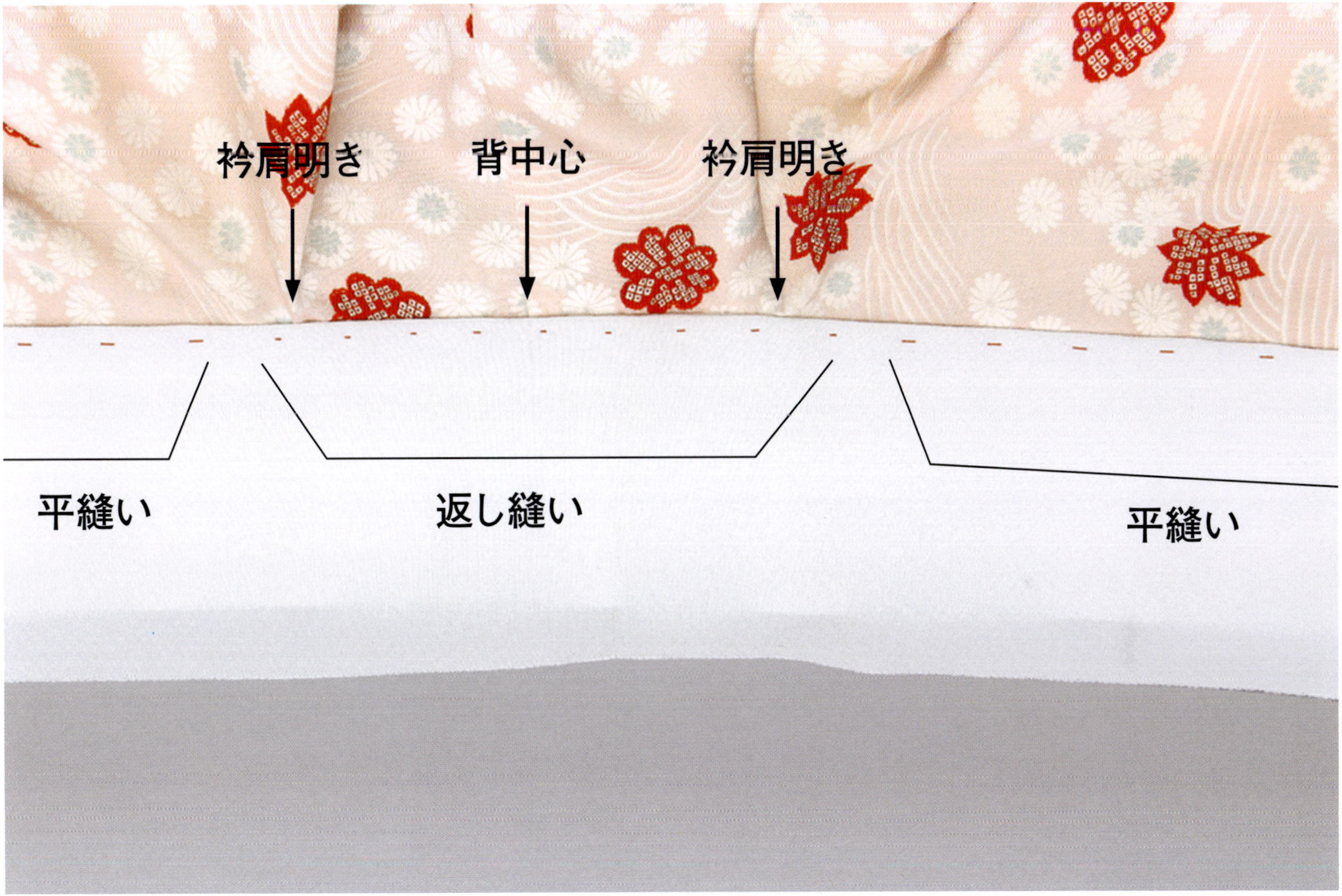

※見分けやすいように赤い糸を使用しています。

12 背中心から左右衿肩明きの所までは返し縫いをして、しっかりとめます。

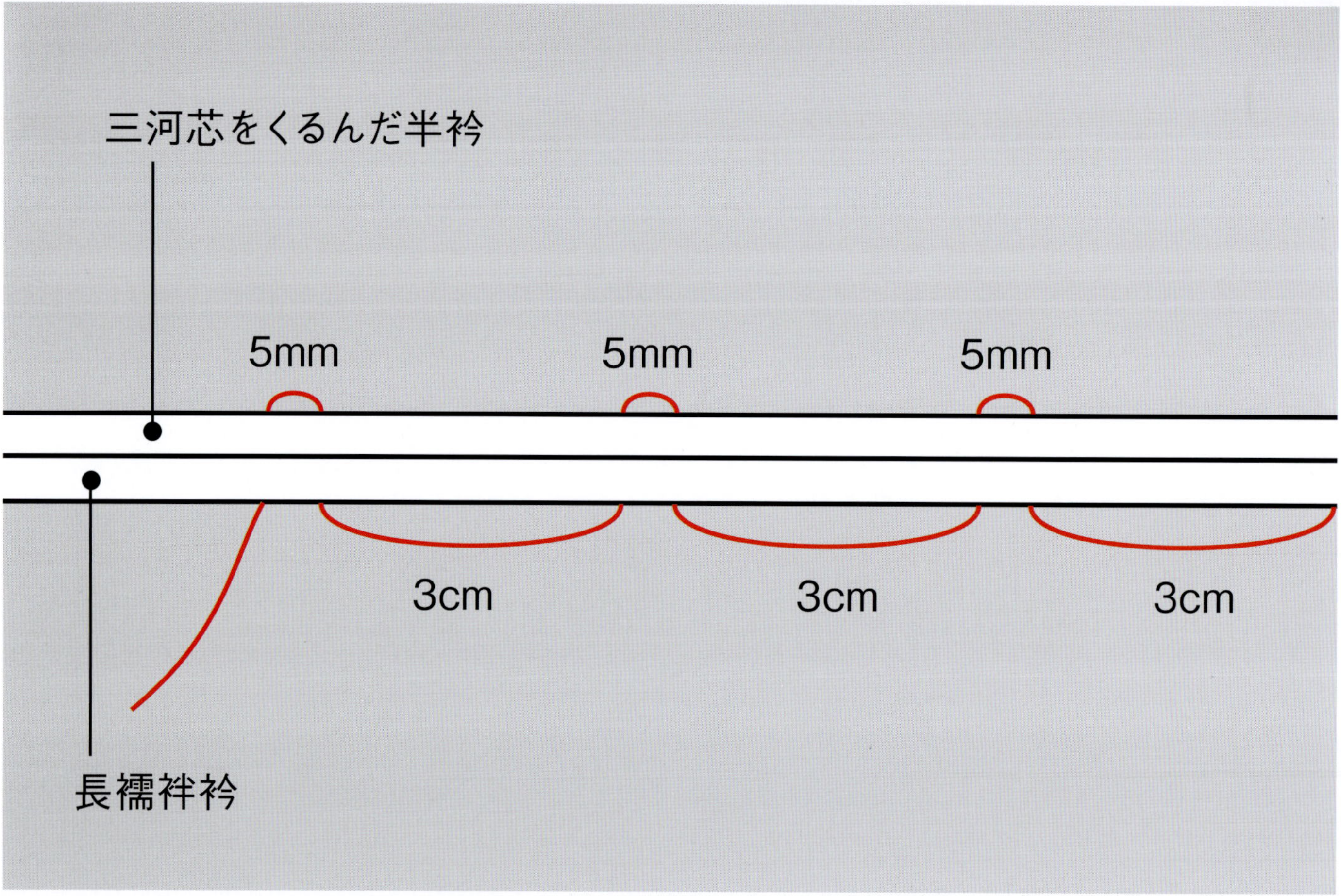

13 表5mm、裏3cmの針目で半衿をとめていきます。

14 長襦袢の表側に半衿を付け終わったところです。

15 14の衿先部分を裏側から見たところです。

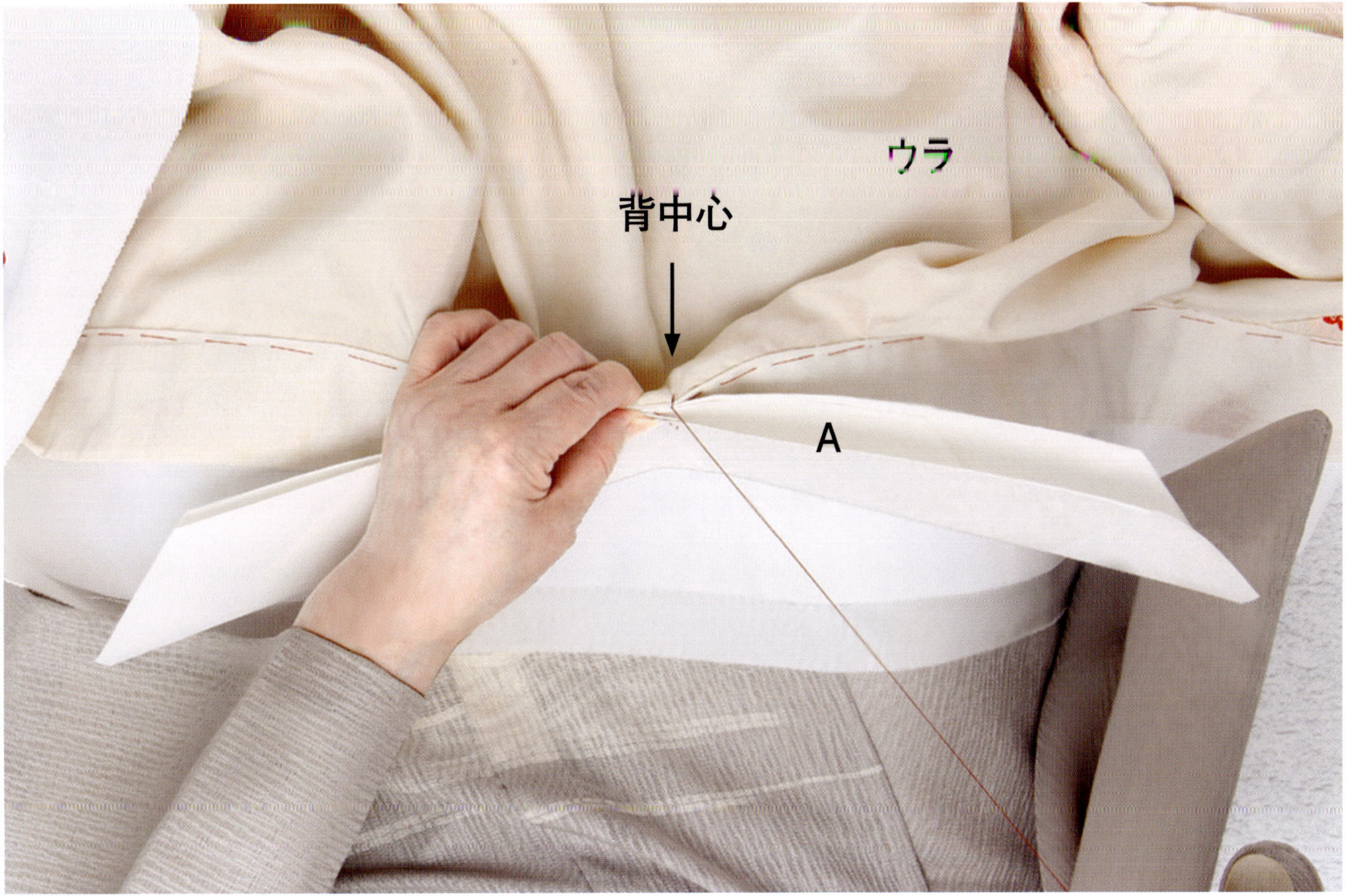

16 表側に半衿を縫いつけ終わったら、長襦袢を裏に返して、
先に奉書紙で作ったＡの中心を写真のように長襦袢の背中心に糸で縫いとめます。

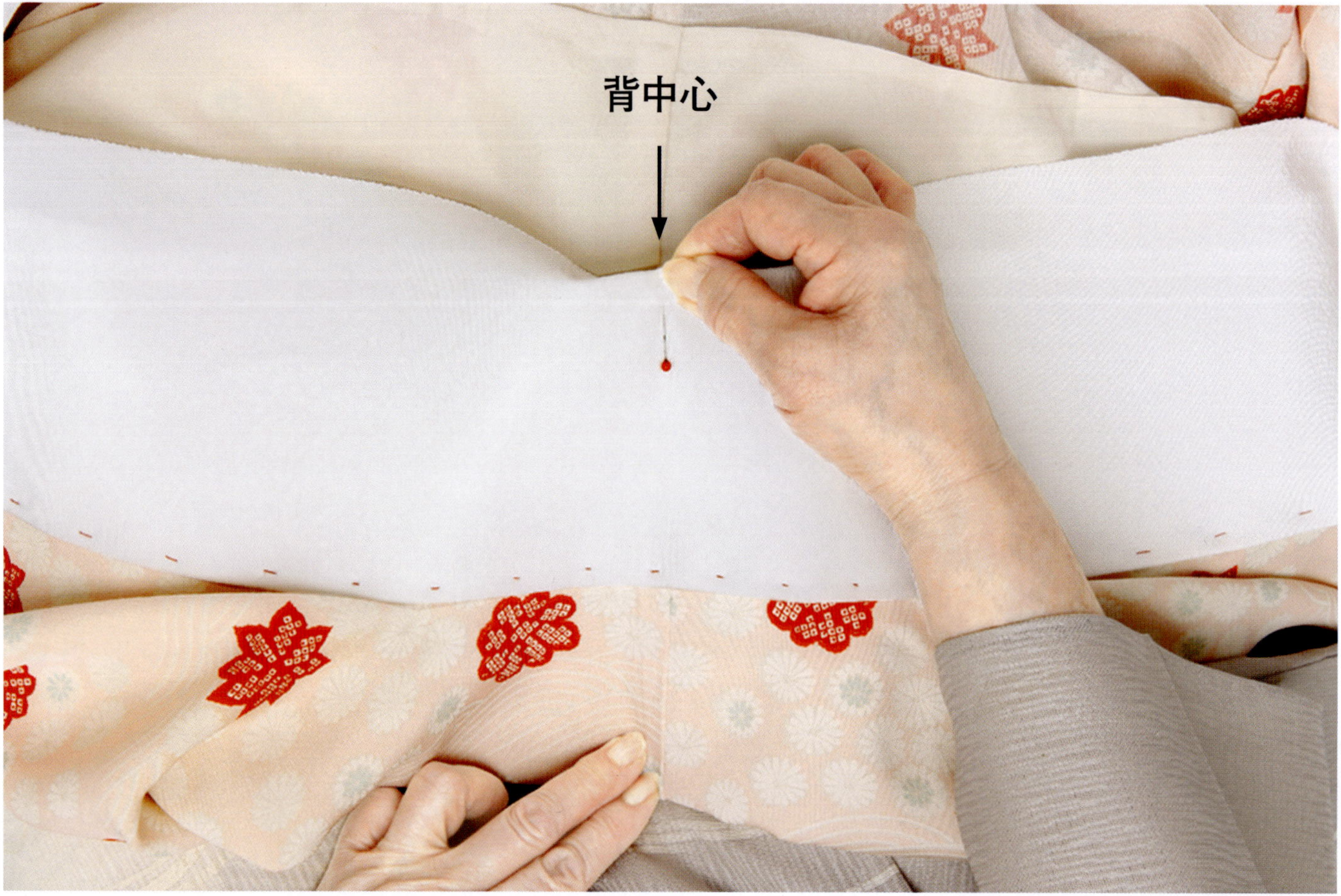

17 衿を表に返し、三河芯に半衿を被せ、長襦袢の背中心と、三河芯にくるんだ半衿の中心を引き、まち針をとめます。

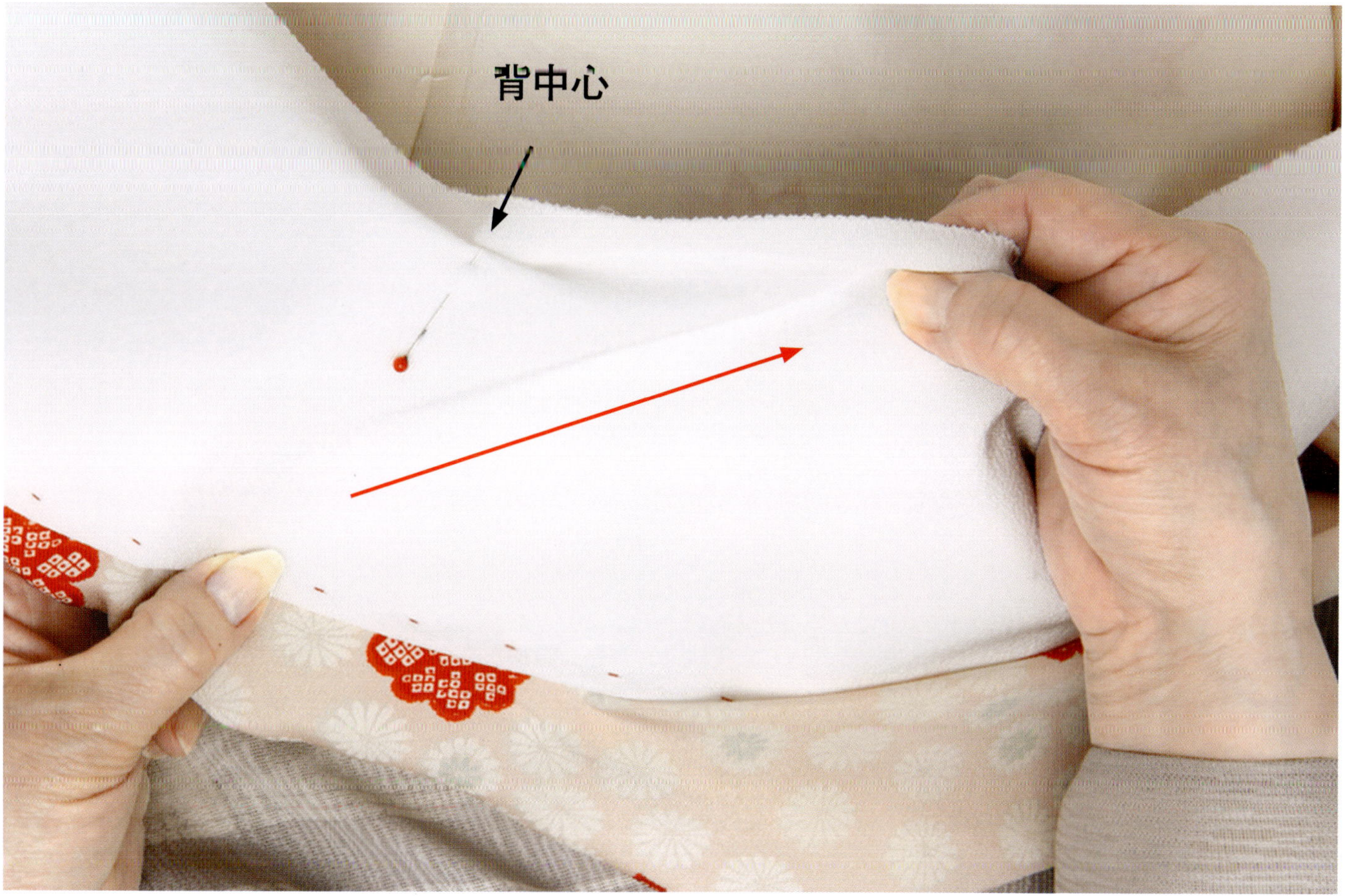

18 左手で長襦袢の背中心を押さえ、衿肩明きと同じ長さを右に45度引き、

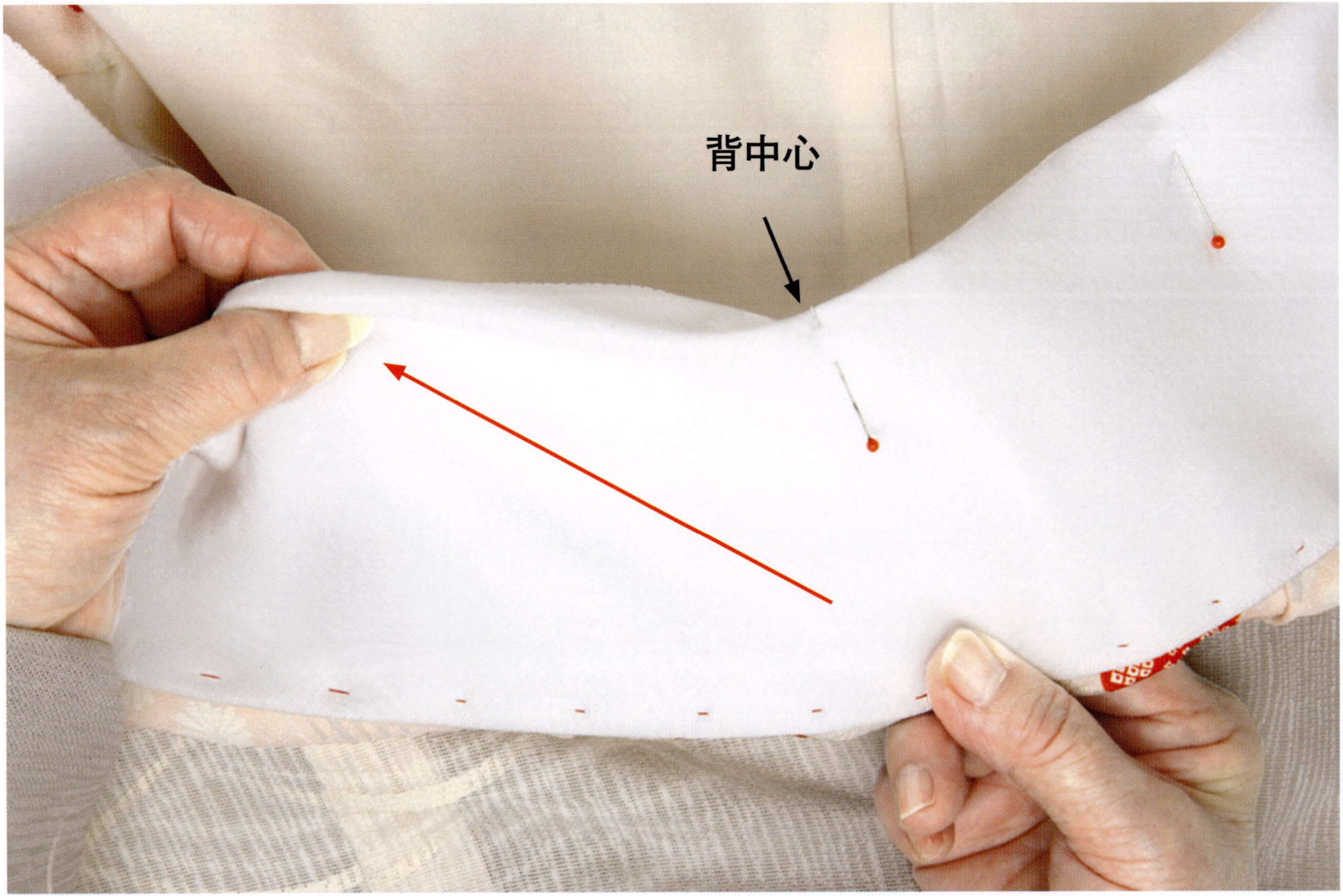

19 三河芯に半衿をまち針でとめます。左も同様に、右手で背中心を持ち、
左手で衿肩明きと同じ長さを45度に引き、三河芯に半衿をまち針でとめます。

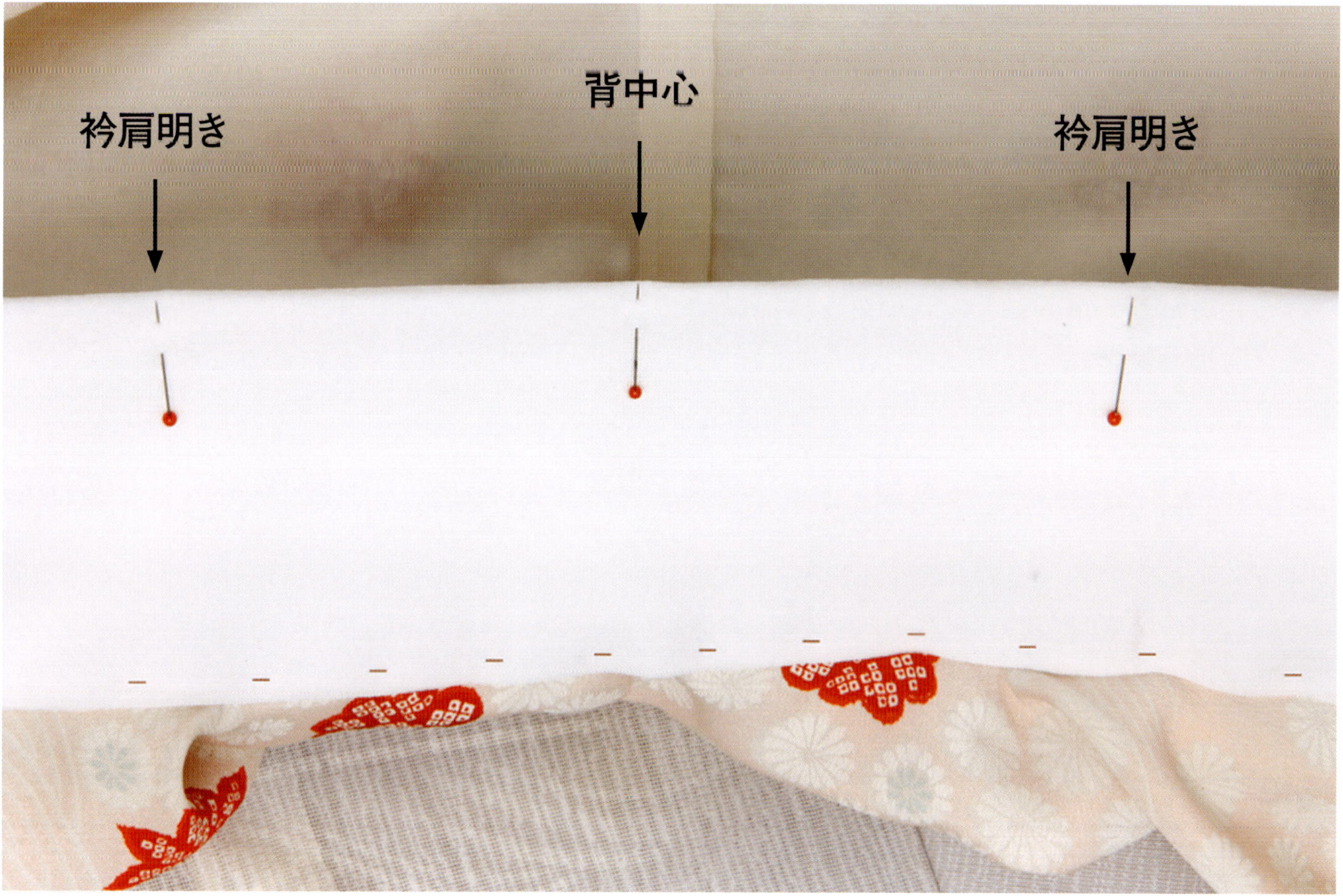

20 三河芯に半衿をくるんで背中心と両衿肩明きにまち針をとめたところです。

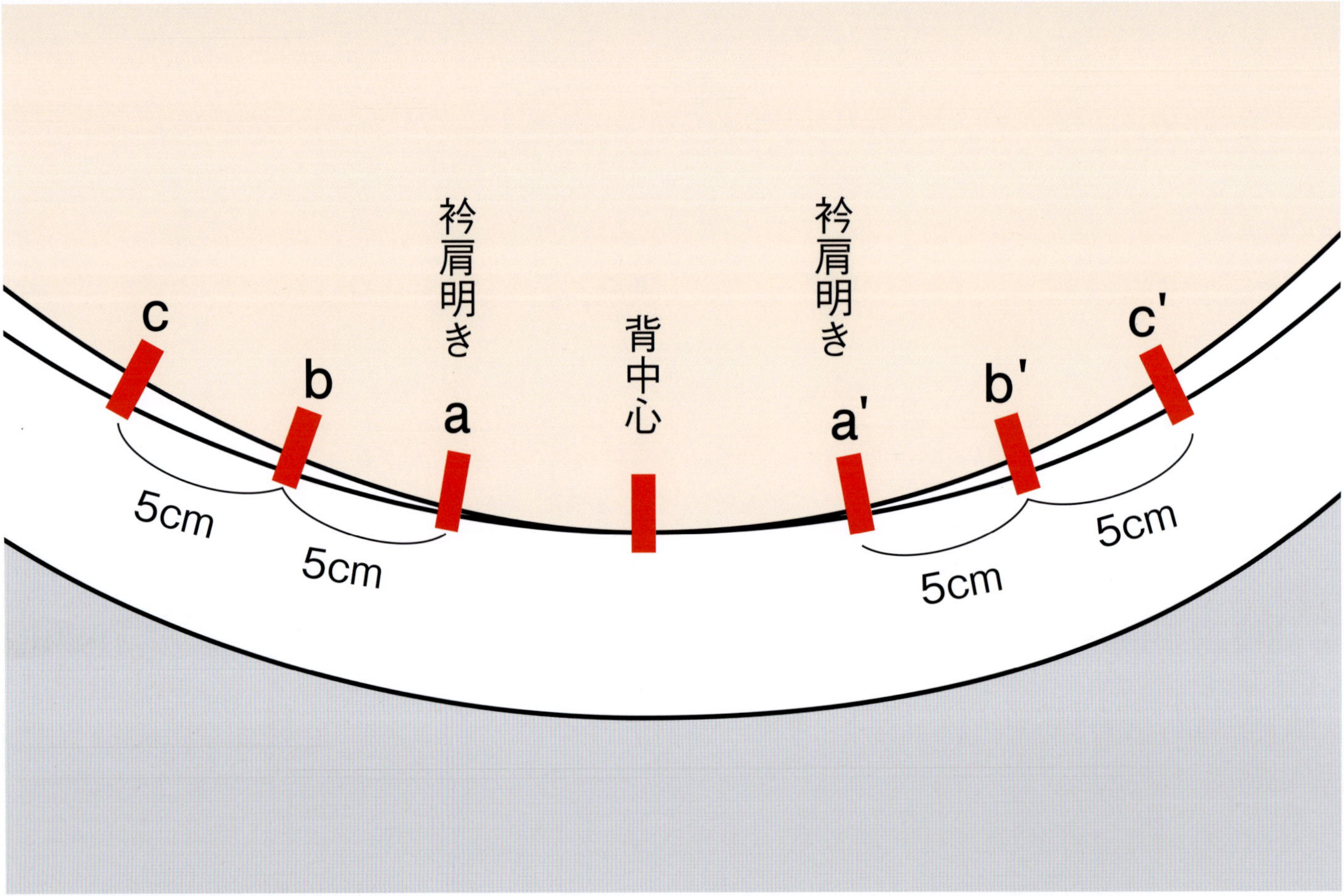

21 長襦袢の内側に半衿を図のようにクリップし、閉じていきます。(22コマ以降を参照のこと)

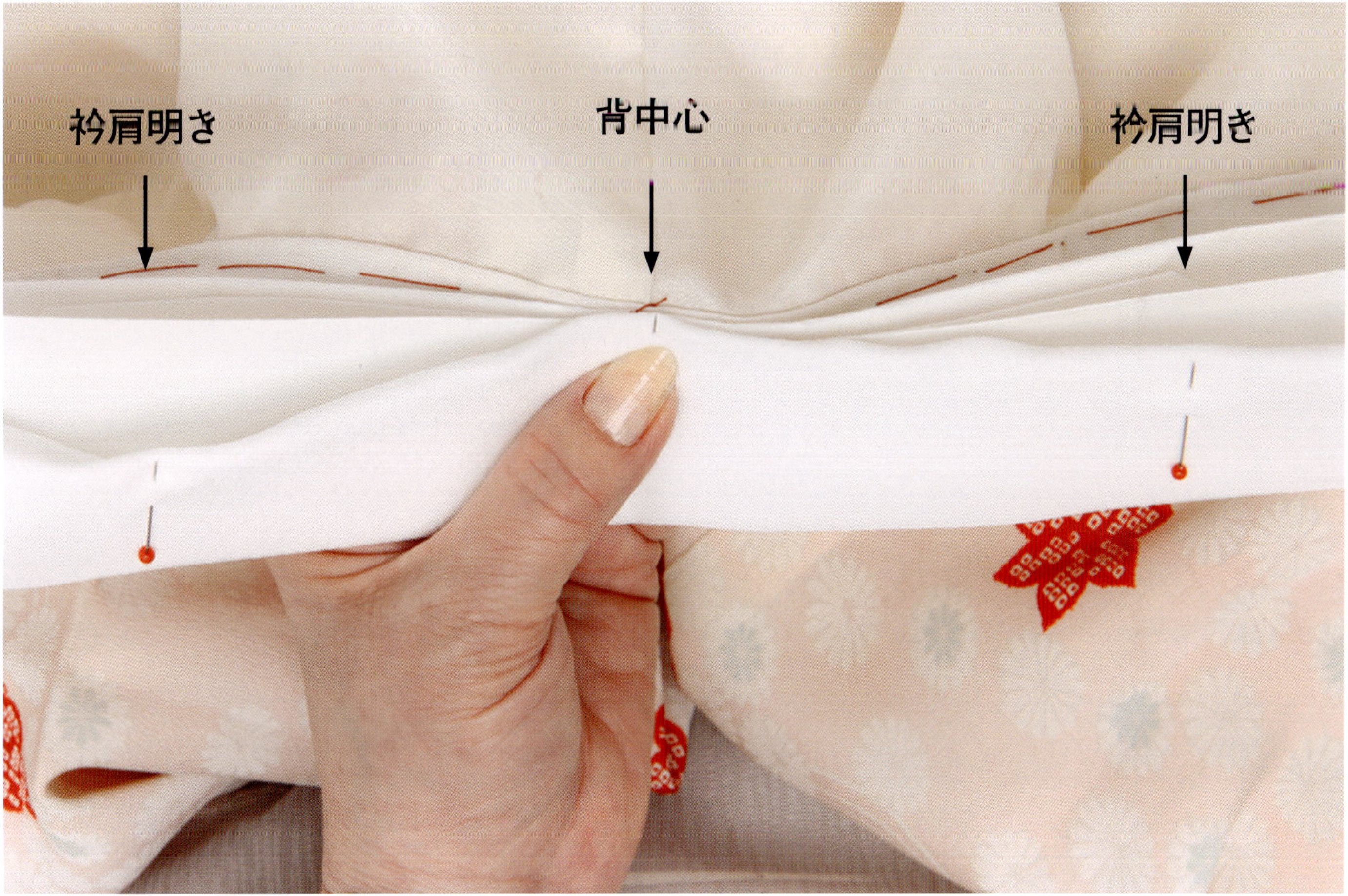

22 三河芯をくるんだ半衿を二つ折りにして、

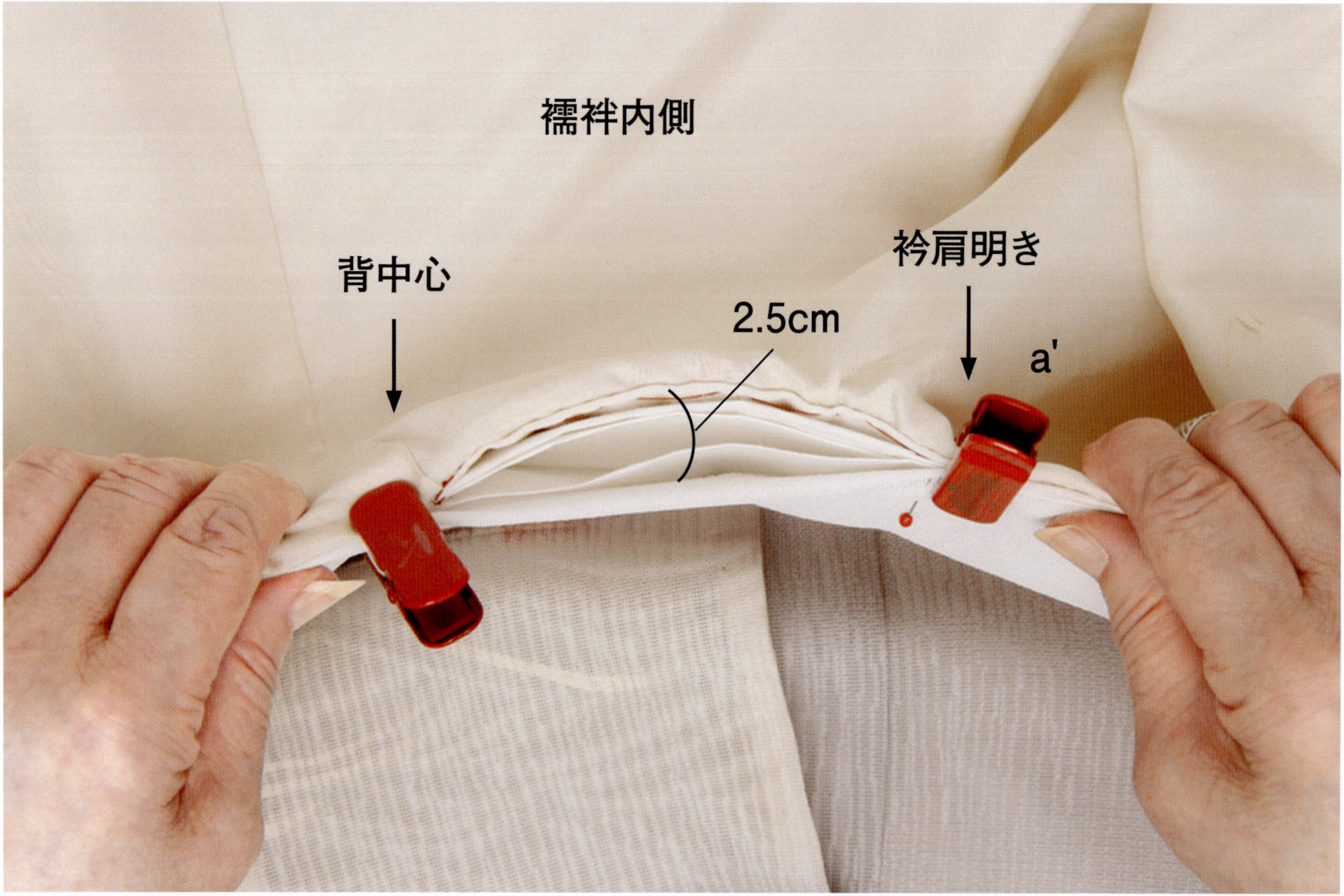

23 背中心にクリップをとめ、2.5cmのカーブを作り、衿肩明きにクリップをとめます。

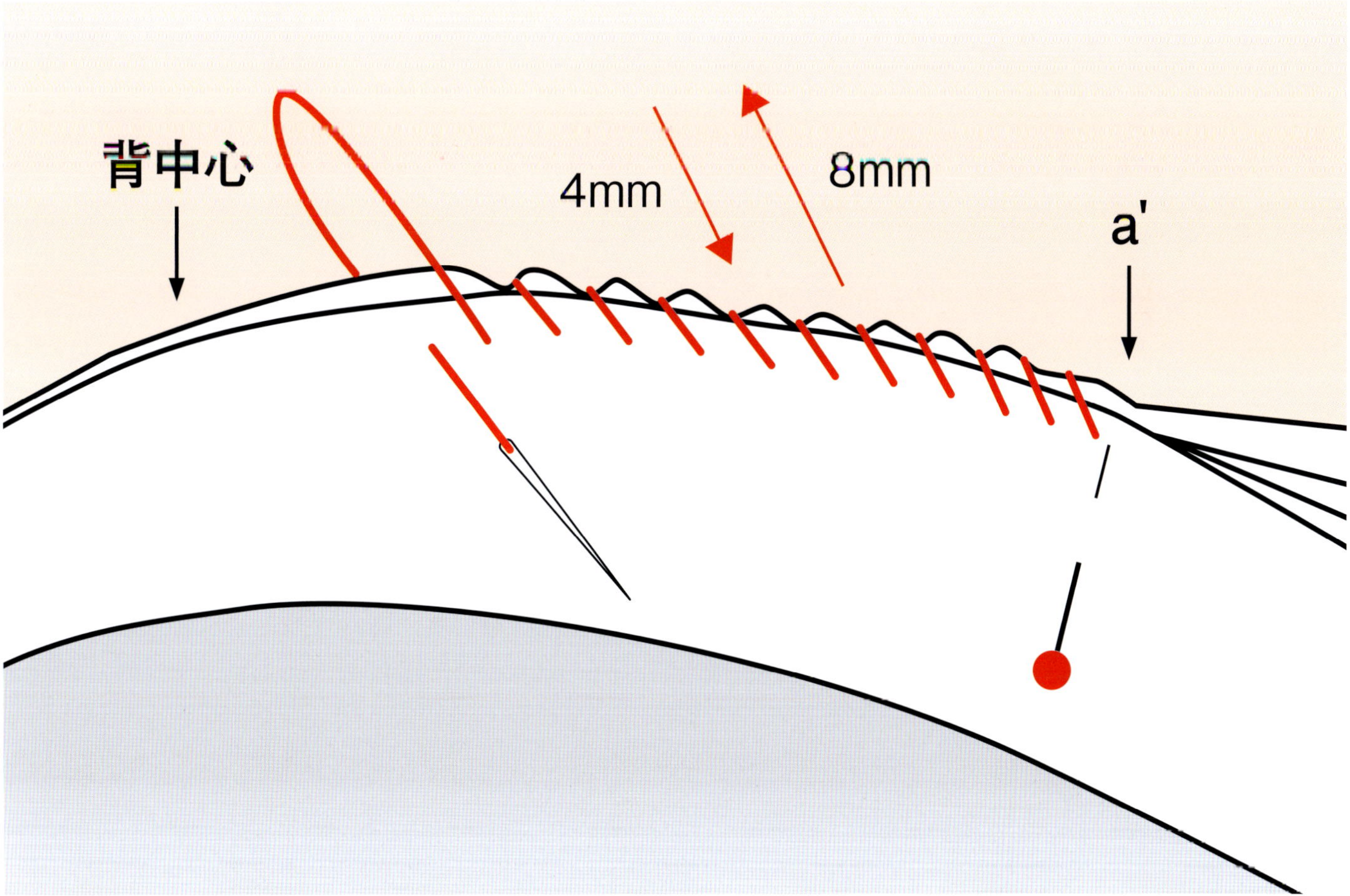

24 8mmすくい、4mm反対側を戻りながら縫い進めます。

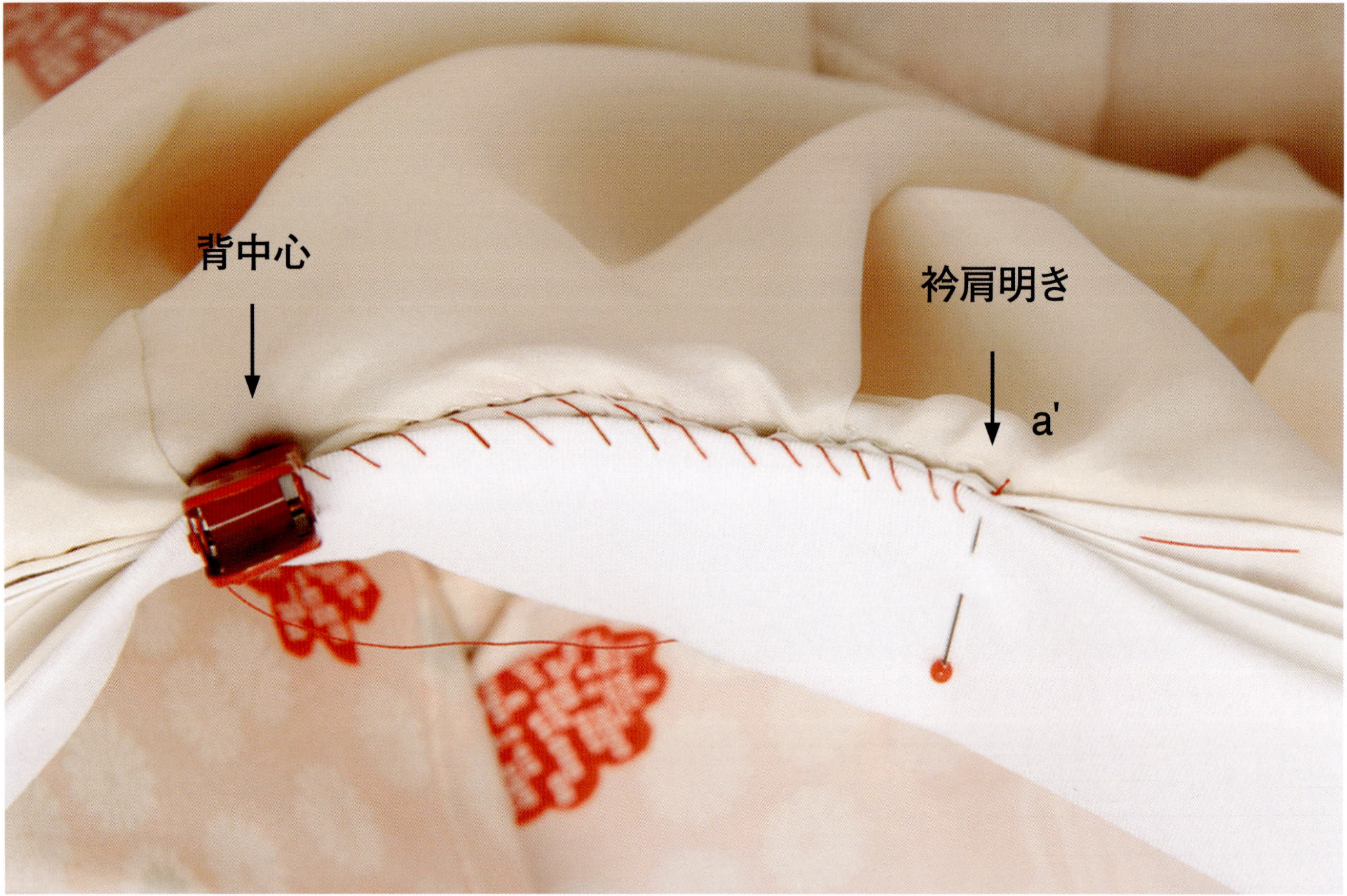

25 23のカーブをまつり、衿肩明きから背中心に向かって衿のまつりが終わったところです。

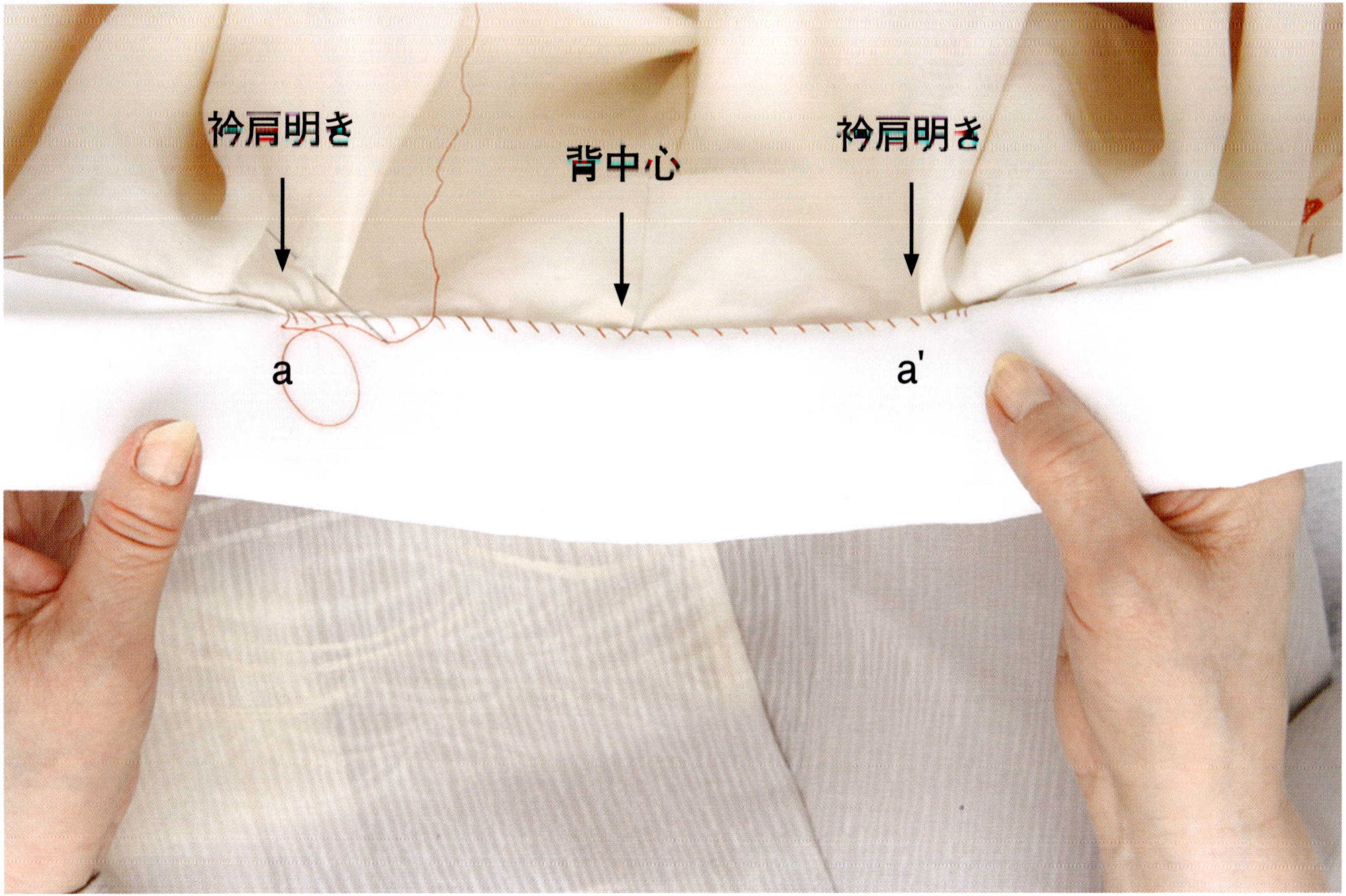

26 背中心から左衿肩明きまで同様にまつりました。両衿肩明きまでの出来上がりです。

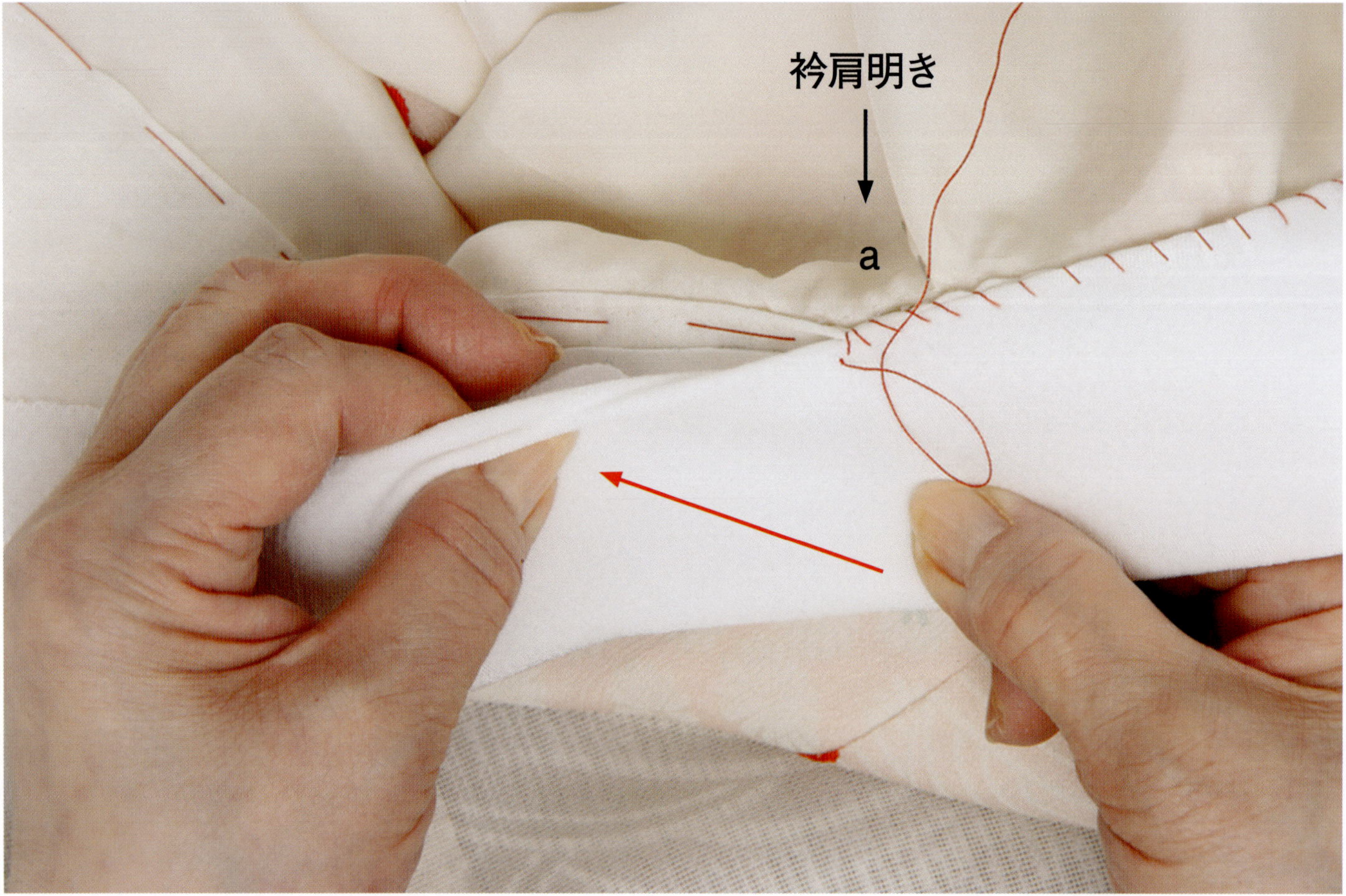

27 衿肩明き (a) の衿先を右手でおさえて、左手で5cmの所を持ち、衿を45度引き、内側を5mmつらせて

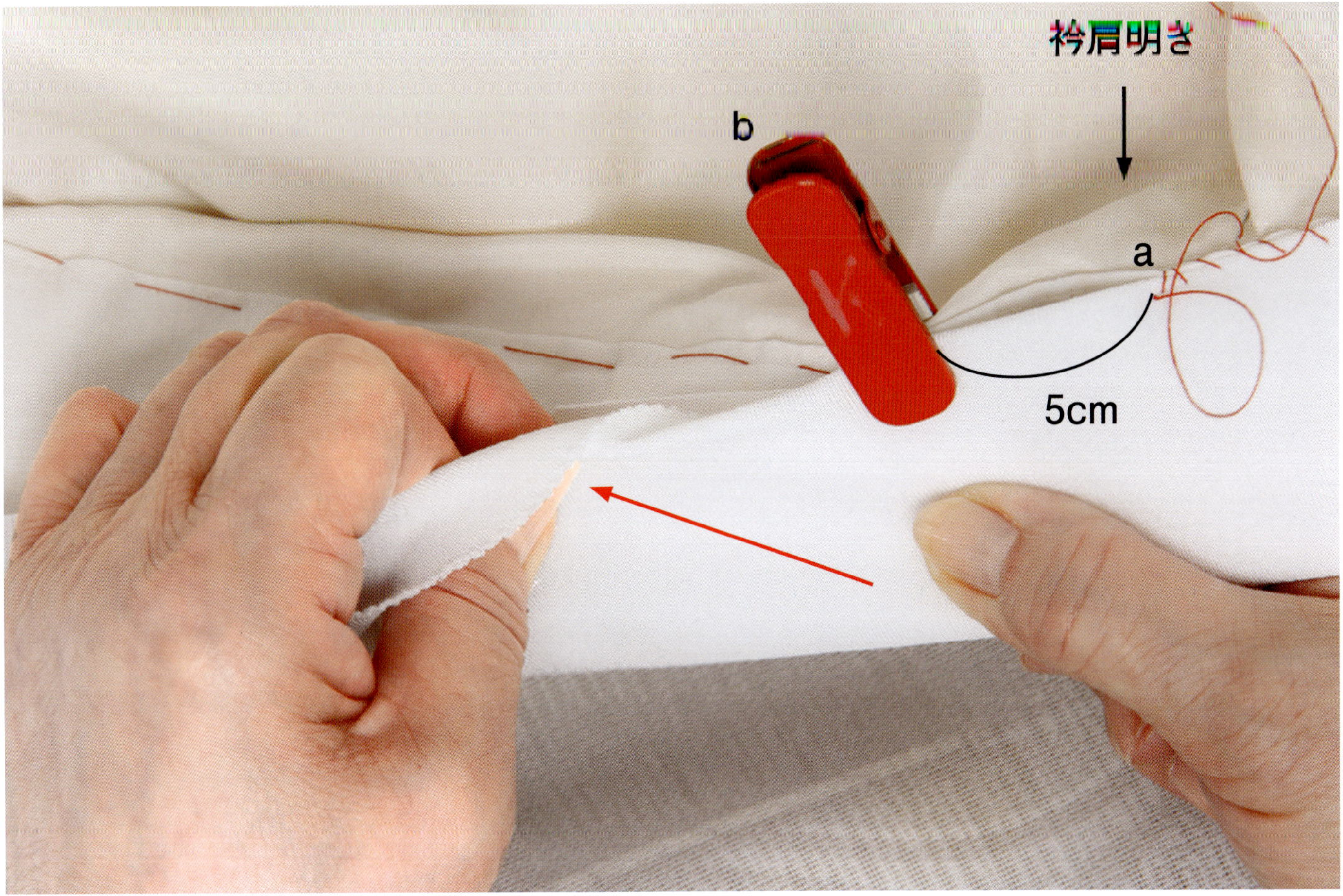

28 クリップでとめます。(b)

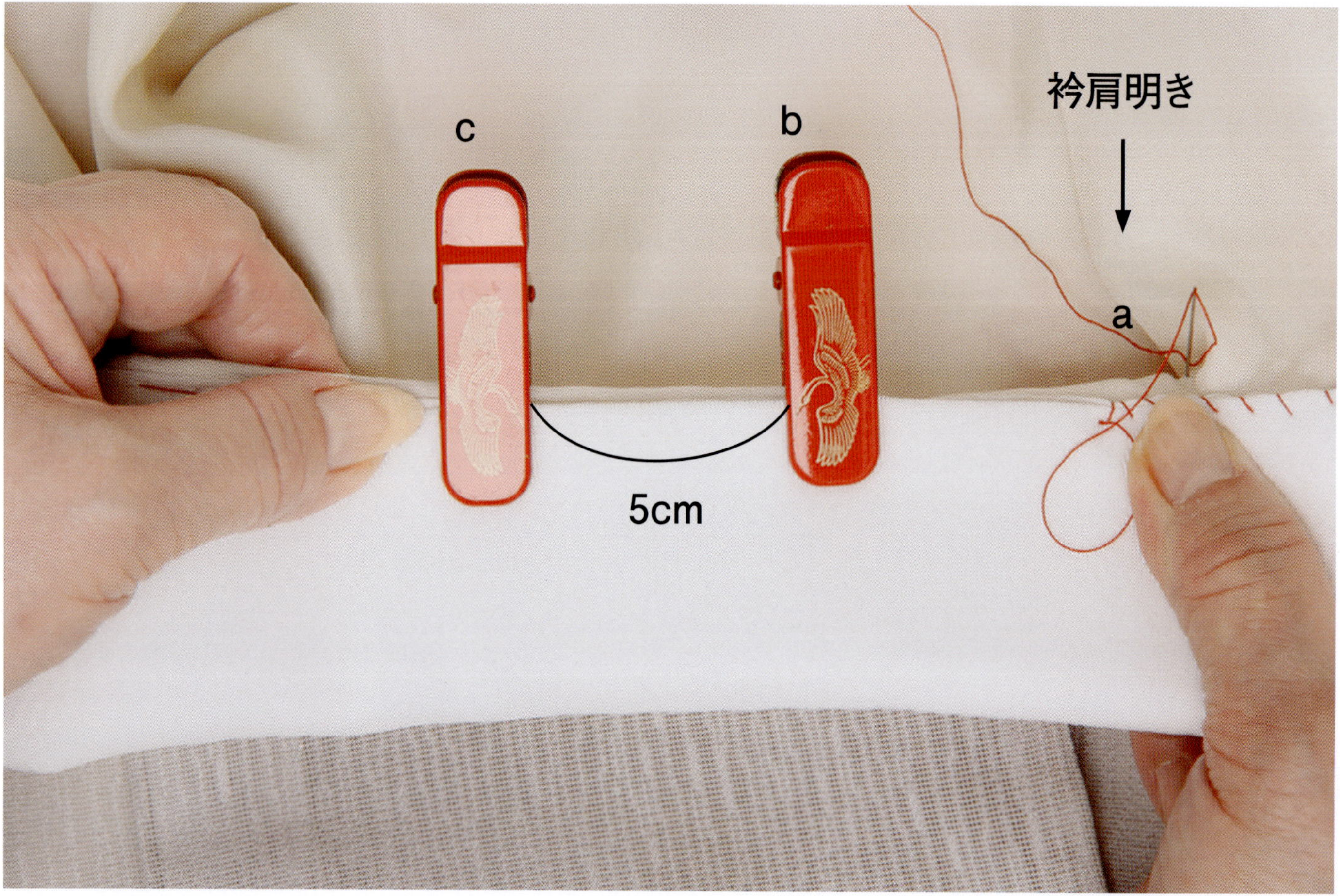

29 衿を内側に見て、さらに5cmを持ち、衿を45度に引き、そのままあわせてクリップします。(c)

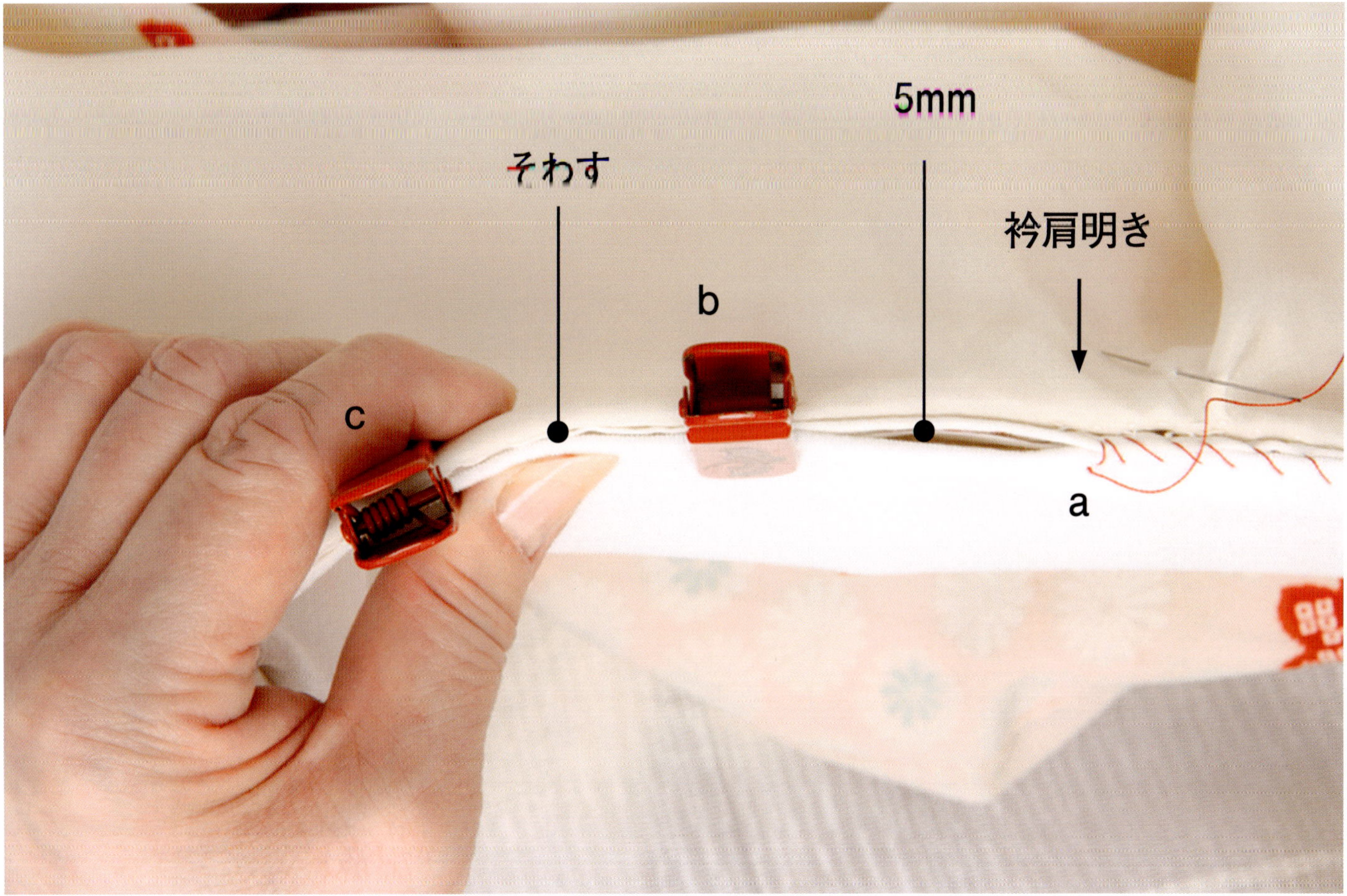

30 クリップをして5mmつらした所（b）と収めたところ（c）です。

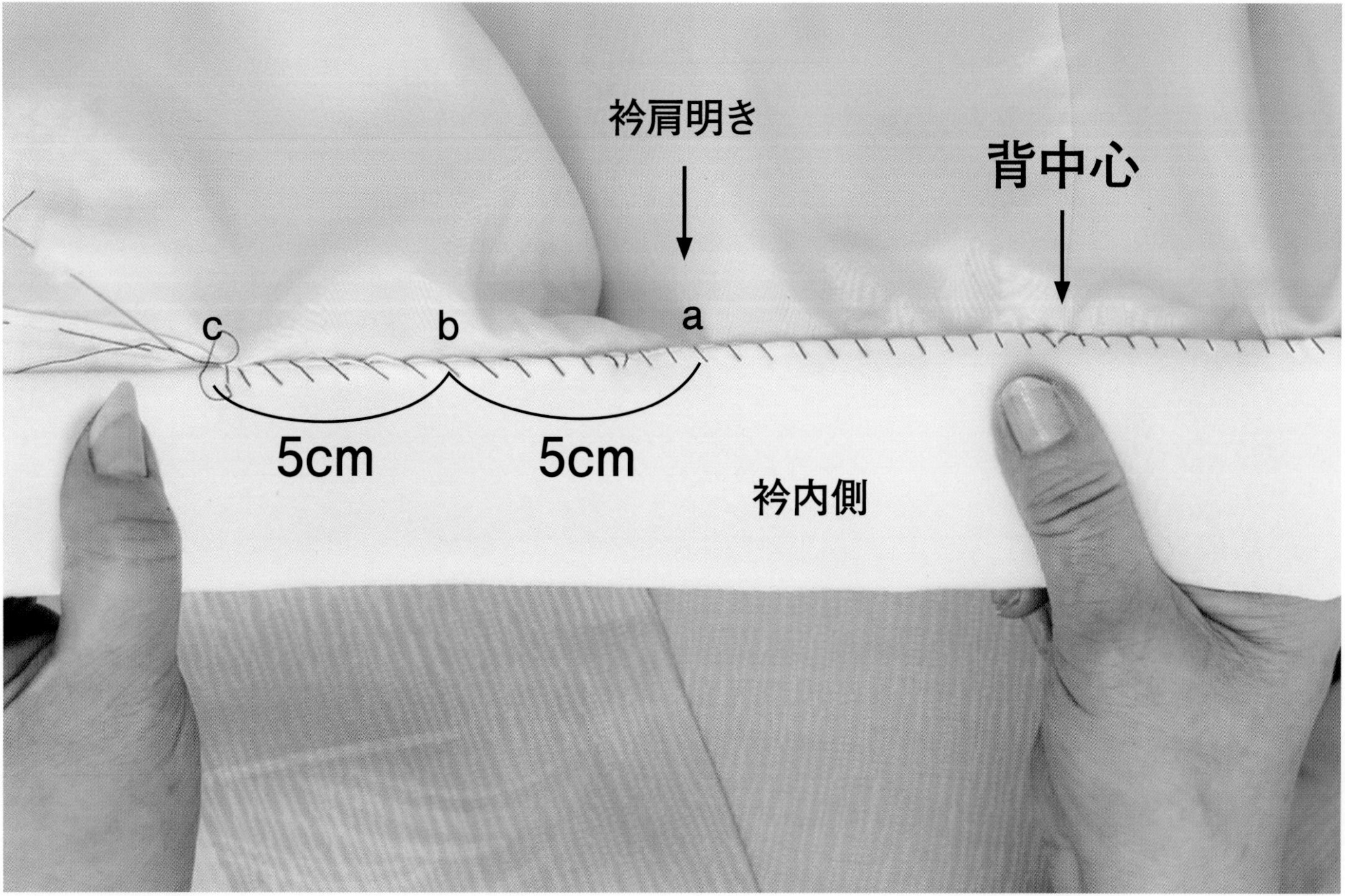

31　衿を内側に見て、(c) の所まで閉じ終わりました。

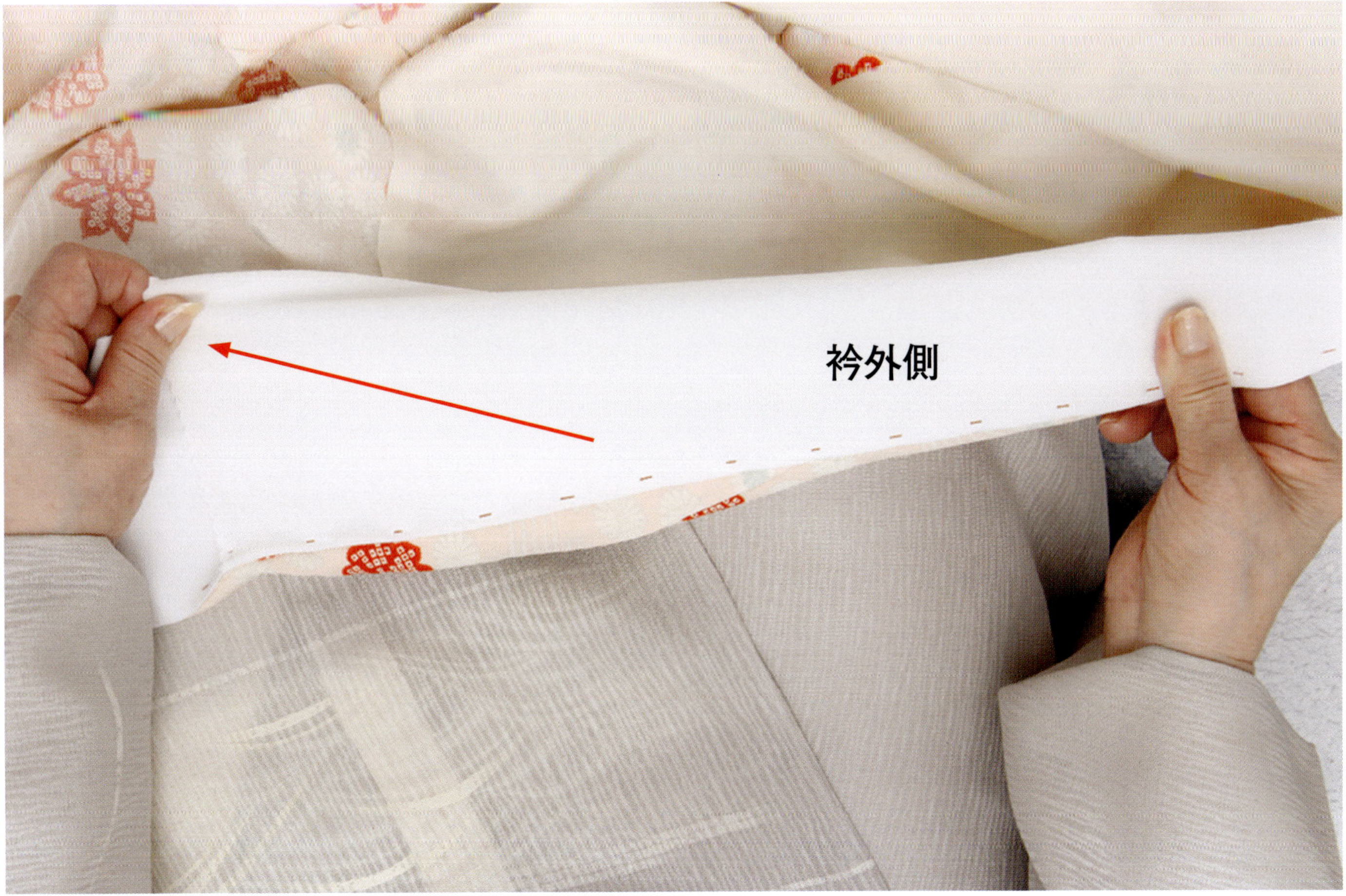

32 衿を外側に返し、さらに45度引きます。

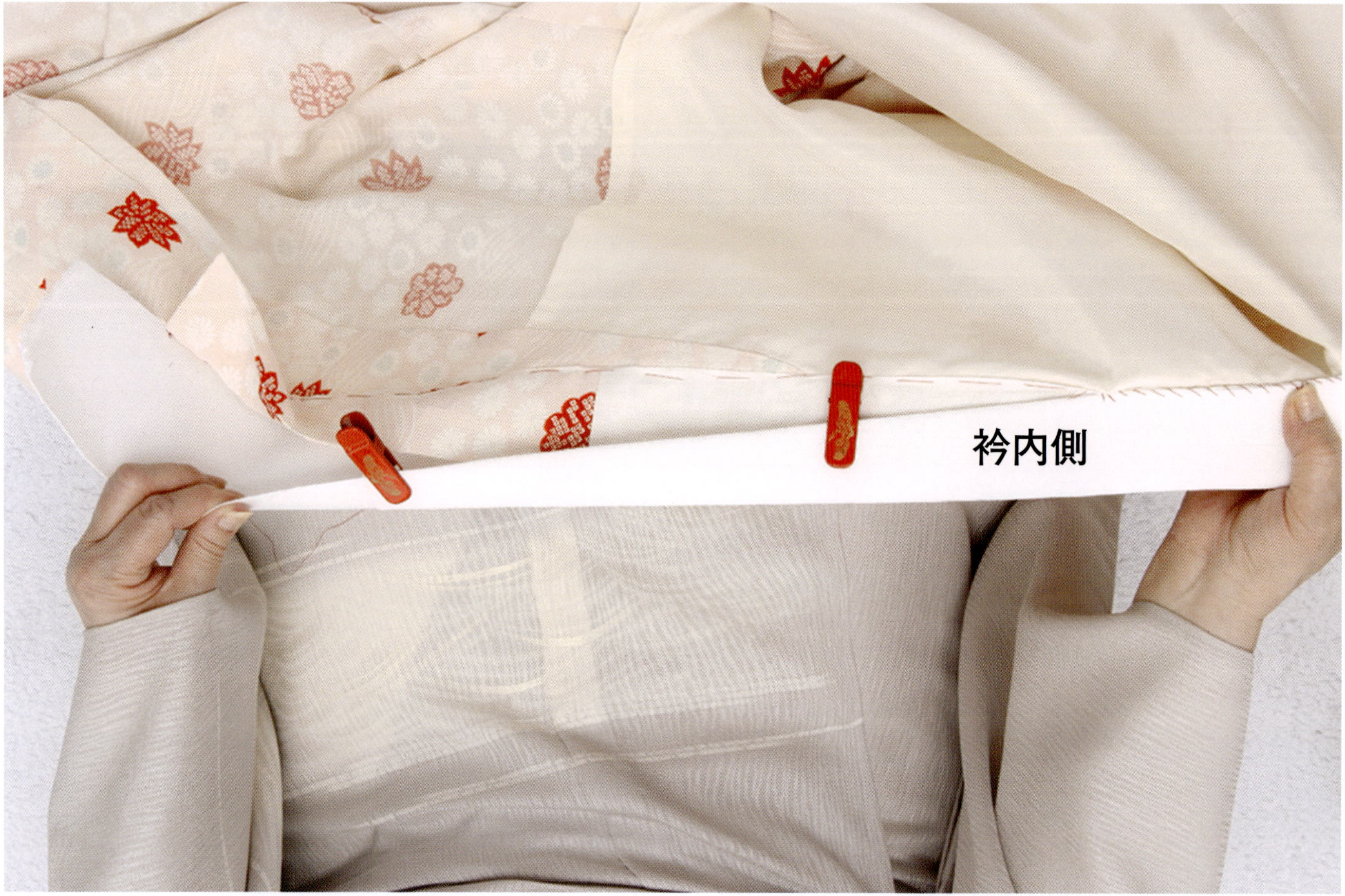

33 引いたところをくるみ、クリップしました。

34 衿を内側に見て、片側が半衿の端まで閉じ終わりました。

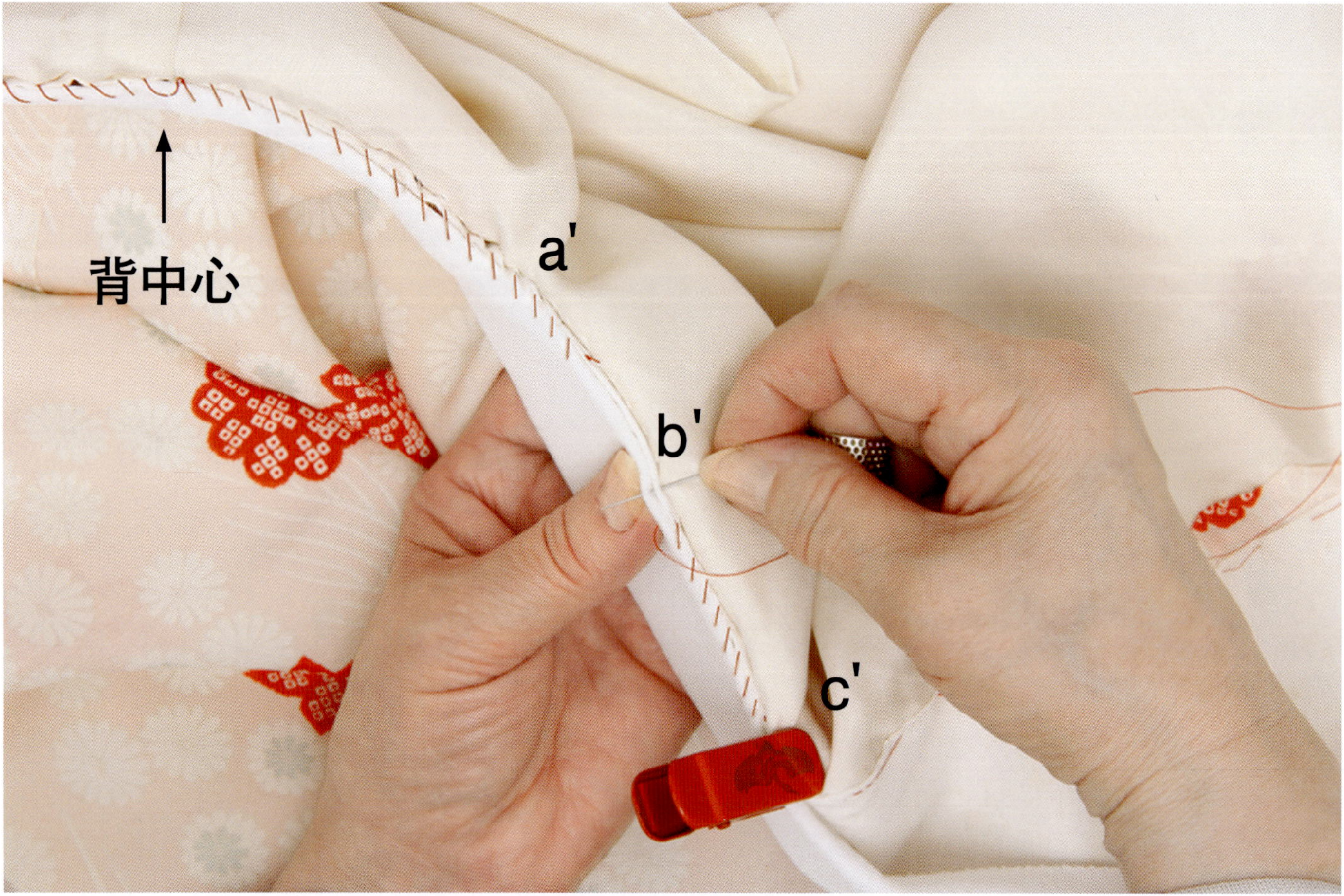

35 反対側（下前）も（c'）から衿肩明き（a'）まで同様に閉じていきます。

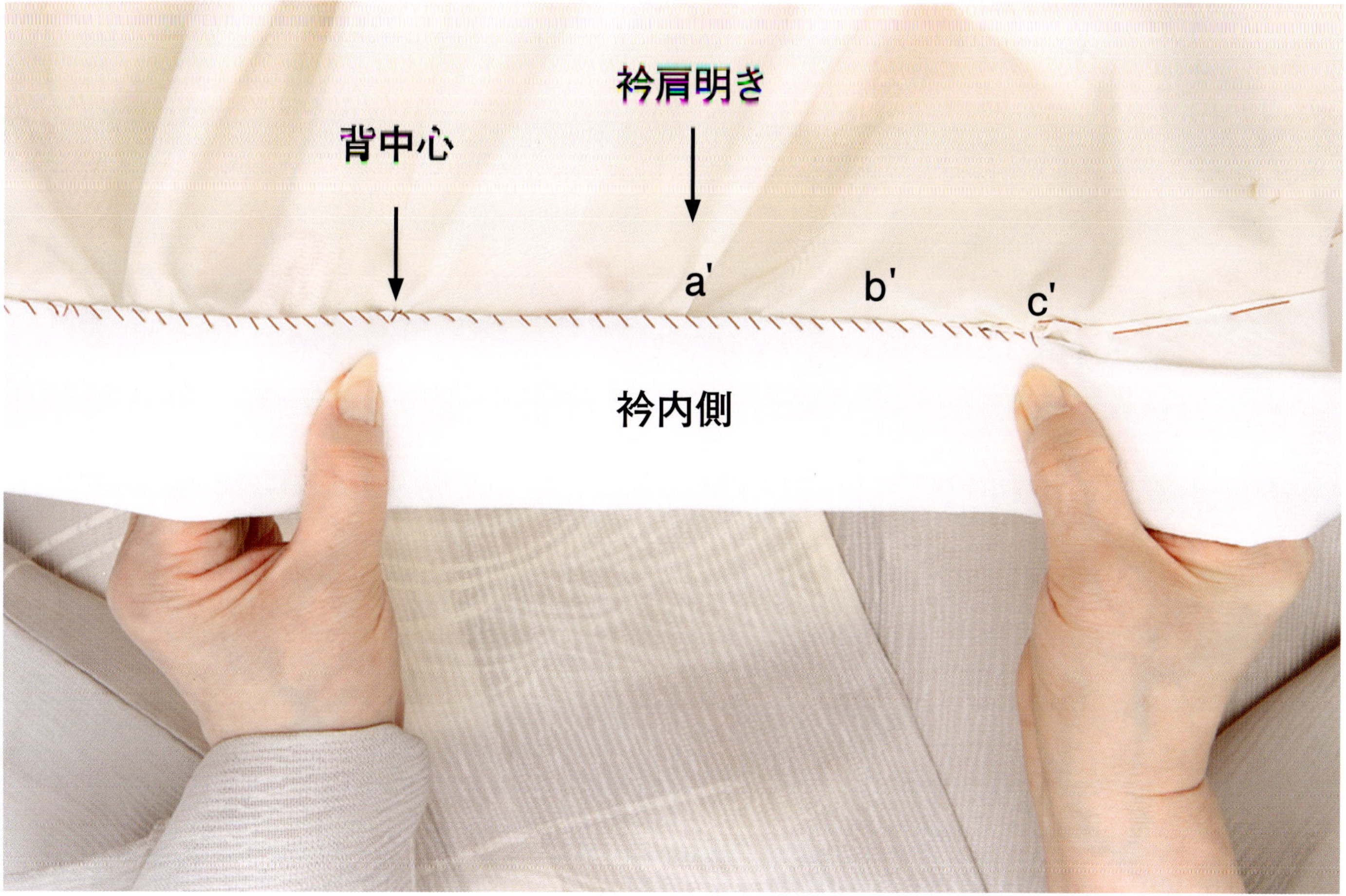

36 衿を内側に見て、反対側も同様に（c'）まで閉じ終わりました。
さらに（c'）から衿先まで上前と同様に閉じていきます。

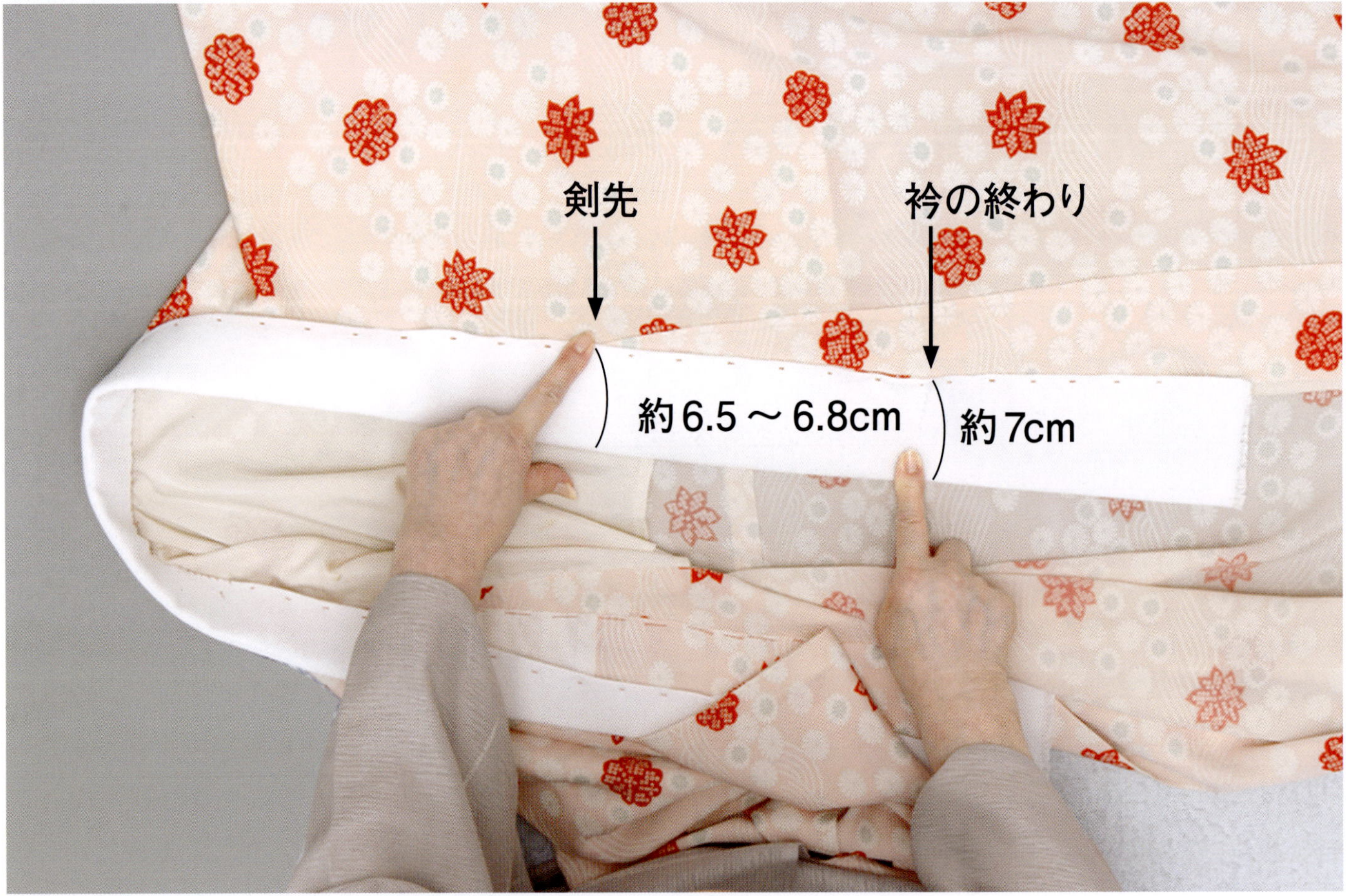

37 長襦袢を表に見て、剣先と半衿の終わりを指しています。

38 奉書紙(B)と(C)を、入るところまで、衿中に差しこみます。

39 奉書紙 (B) と (C) を衿の両側から差しこんだところです。

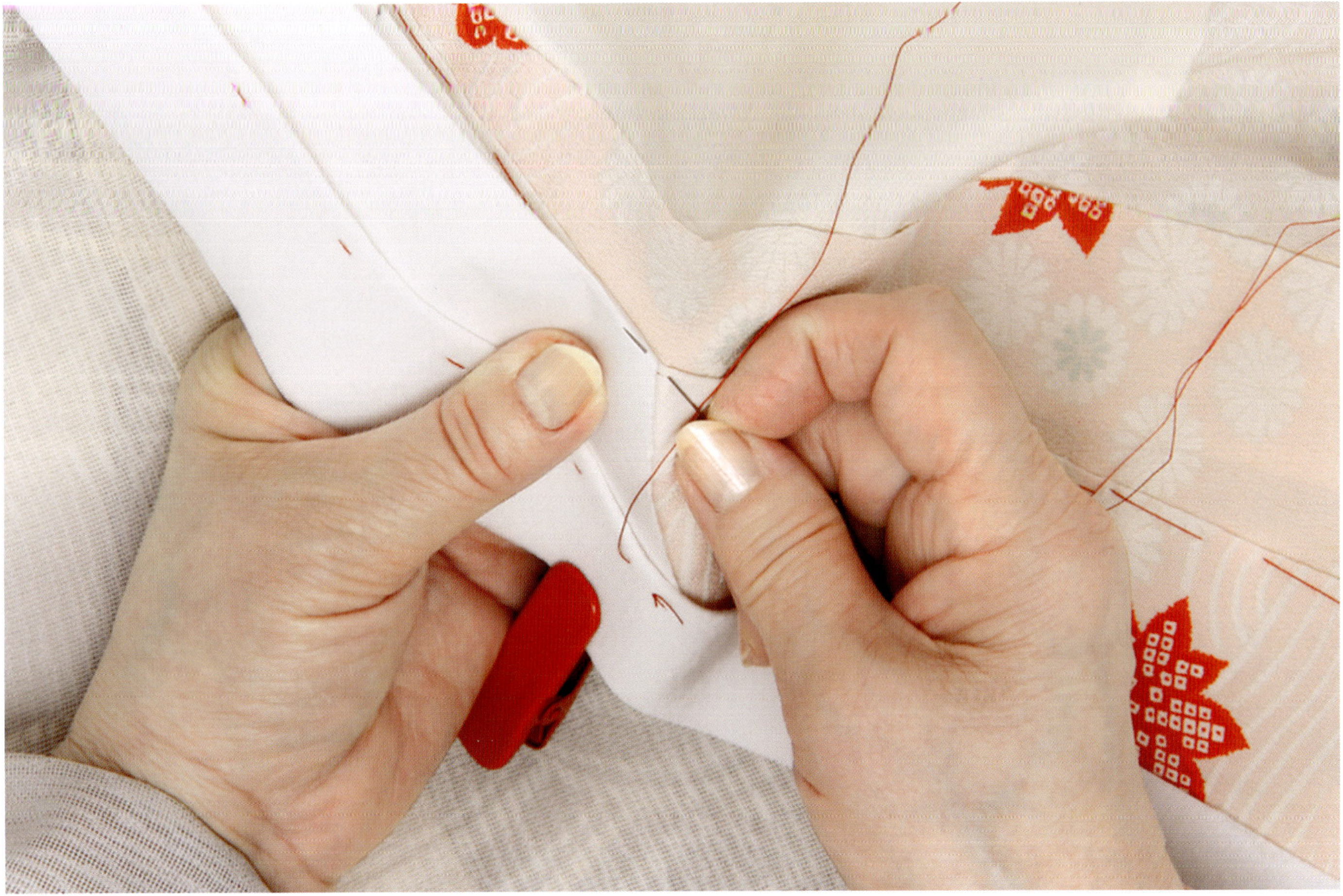

40 衿先から先を千鳥掛けで閉じていきます。

41 千鳥掛けで閉じ終わりました。

42 両側を閉じ終わり、長襦袢に半衿が付け終わりました。

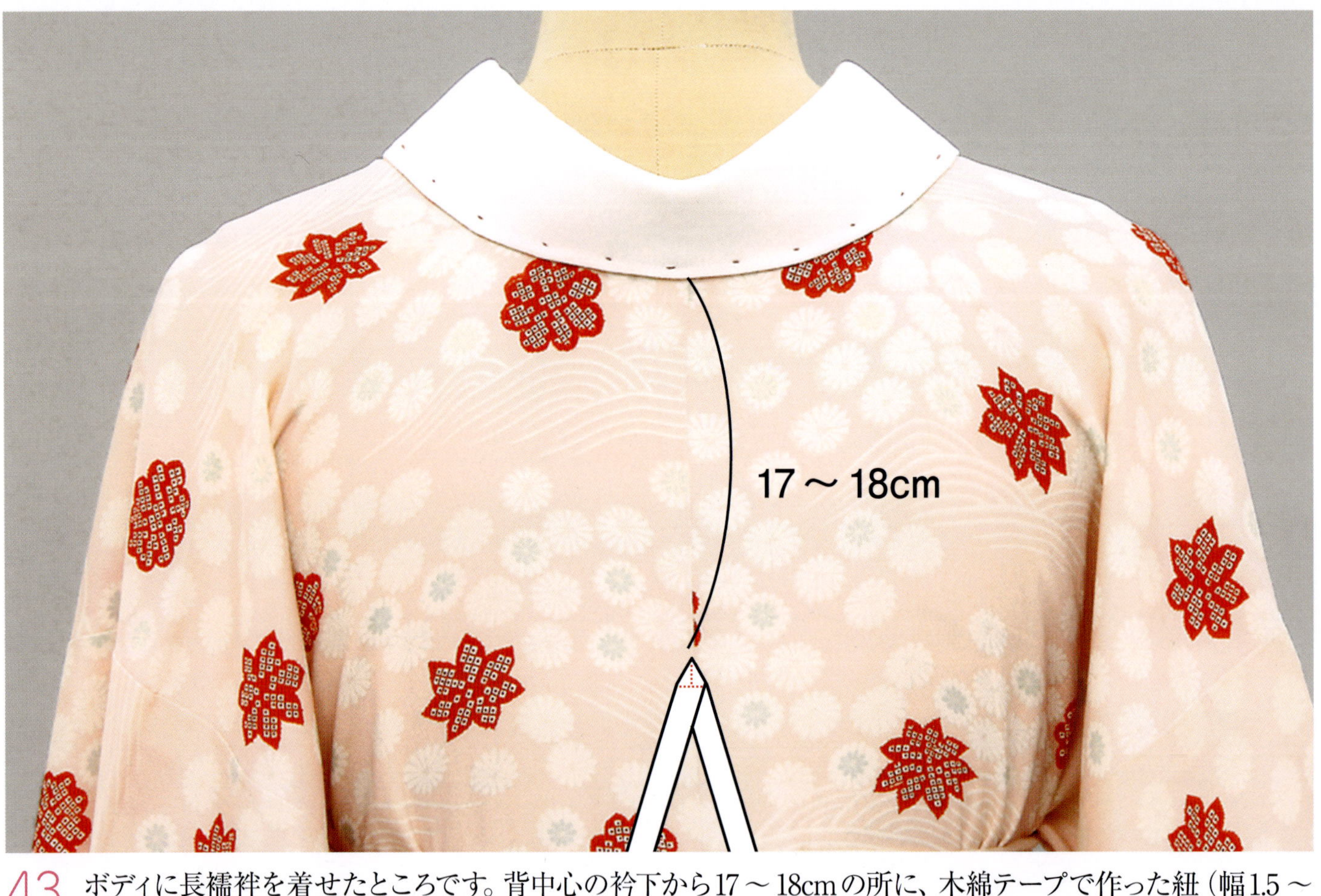

43 ボディに長襦袢を着せたところです。背中心の衿下から17～18cmの所に、木綿テープで作った紐（幅1.5～1.8cm、長さ120～130cm）の中心を三角に折り縫いつけておくと、長襦袢の着付に便利です。

※伊達巻きの下から紐を出し、背中心から両脇5cmずつ広げ、衿の抜き具合を見て、下に引き、横に引きながら前で結びます。
（コンテストの時はこの紐は使えません）

44 長襦袢の前です。長襦袢に半衿がしっかりと付け終わりました。

WAKU♥WAKU KIMONO SERIES 1

半衿の付け方

技術指導：金田恵美子

2014年4月14日 第1刷発行　検印省略
2017年9月29日 第2刷発行
定価（本体1,000円+税）

編集／発行人　長尾明美
発行　新美容出版株式会社
〒106-0031 東京都港区西麻布1-11-12
代　表　TEL 03-5770-1230
販売発送営業部
TEL 03-5770-1201　FAX 03-5770-1228
http://www.shinbiyo.com

印刷・製本　凸版印刷株式会社

印刷には十分注意しておりますが、万一落丁・乱丁がありましたら、
本社にてお取り替えいたします。

技術指導
金田　恵美子（かねだ えみこ）

全日本美容講師会 最高師範
日本着付学術会芸術委員
東京美容家集団最高指導委員
東京認定美容師会副会長
一級着付け技能士
BA 東京 TBA WEST 支部代表
葉月会会長
カネダ美容室経営

カネダ美容室
〒175-0092 東京都板橋区赤塚1-3-12
Tel.03-3939-4252